中小学生不得不读的故事丛书

让青少年学会
自尊自爱的故事

本书编写组◎编

每一个好故事，都会带你种下完美人生的种子；每一个好故事，都是我们领悟人生的一盏明灯；每一个好故事，都是我们人生的一块基石。它给我们智慧的启迪，让我们抓住希望。对今天更加珍惜，对明天充满自信！

世界图书出版公司
广州 · 北京 · 上海 · 西安

图书在版编目（CIP）数据

让青少年学会自尊自爱的故事 /《让青少年学会自尊自爱的故事》编写组编 . —广州：广东世界图书出版公司，2010. 5（2024.2 重印）

ISBN 978 - 7 - 5100 - 1506 - 9

Ⅰ. ①让… Ⅱ. ①让… Ⅲ. ①品德教育 - 中国 - 青少年读物 Ⅳ. ①D432. 62

中国版本图书馆 CIP 数据核字（2010）第 078999 号

书　　名	让青少年学会自尊自爱的故事 RANG QINGSHAONIAN XUEHUI ZIZUN ZIAI DE GUSHI
编　　者	《让青少年学会自尊自爱的故事》编写组
责任编辑	张梦婕
装帧设计	三棵树设计工作组
出版发行	世界图书出版有限公司　世界图书出版广东有限公司
地　　址	广州市海珠区新港西路大江冲 25 号
邮　　编	510300
电　　话	020-84452179
网　　址	http://www.gdst.com.cn
邮　　箱	wpc_gdst@163.com
经　　销	新华书店
印　　刷	唐山富达印务有限公司
开　　本	787mm × 1092mm　1/16
印　　张	10
字　　数	120 千字
版　　次	2010 年 5 月第 1 版　2024 年 2 月第 11 次印刷
国际书号	ISBN　978-7-5100-1506-9
定　　价	48.00 元

前　言

FOREWORD

一个人希望得到他人的尊重和关爱，就必须首先学会自尊自爱。自尊，就是尊重自己，维护自己的尊严和人格。相信自己，遇事不轻易放弃，不轻易退缩。自爱，就是在日常生活中要爱惜自己，接受真实的自己，喜欢真实的自己，在适当的时候懂得理解自己，宽容自己。

一个人活在世上，第一重要的，就是做好一个自尊自爱的人。如何做好一个人，比做成功某件事、与某个人交上朋友重要得多。当然，做人也并不是说与做事或交友是分开的、独立的。做人实际上是蕴含在两者之中的，是透过做事、与人交往综合体现出来的。

一个人做事成功并不代表其做人也必是成功的。无论一个人的事业或是学问做得是如何成功，都不能说明什么，这个人有可能做人也做得很成功很好，但是也有可能做得很差很坏。我们不能看他成功与否，而是要看他是怎么做事的以及做事的态度又是如何。

在与人交往中，孔子最强调的一个字“信”。待人诚实无欺，最能反映一个人的人品的光明磊落。一个哪怕是朋友遍天下的人，只要他能对其中一个朋友有背信弃义的行径，那么他同样会背叛其他的朋友，只要他认为是必要的。“失信于朋友、背弃朋友”只能满足一时之私欲，但却是一个人做人最大的失败。

一个人活着，最重要的不是幸福或是不幸；而是无论幸福还是不幸，都要保持做人的正直与尊严。在一个人的生命中，虽然事业与爱情也是相当重要的，但还是远比不上做人的重要性。如果一个人做人做失败了，那么其人生总体上都是失败的。做人最关键不是你在社会上占据了什么位置，过什么样的日子，而是你自己究竟是一个怎么样的人。

自尊自爱于人生十分重要。知道自尊自爱的人，就会生活得有声有色，让人仰慕，令人敬重。而不懂自尊自爱的人，就只能被人瞧不起。自尊自爱是为了建立和维护自己的尊严，一个自尊自爱的人是有理想、有抱负、有气节、有人格、有个性、有主见、有毅力的人。知道自尊自爱的人，就有了做人的自觉性，他们的行为既不是做给别人看的，也不是别人逼出来的，而是发自内心的一种高尚精神，无论是别人在跟前还是自己单独的时候，都不做一点卑劣的事情。

在自尊自爱上，人们有着不同的认识和不同的表现。有的人以自尊自爱为人生的首要原则，注重维护自己的尊严，甚至将人格与尊严看得比生命更重要。“士可杀不可辱”、“宁为玉碎，不为瓦全”、“三军可夺帅但不可夺志”、“宁可站着死，决不跪着生”，这些都是自尊自爱者所发出的铮铮宣言。而有的人却忽视自尊自爱，他们为了满足私欲而出卖灵魂，昧着良心吹牛拍马，阿谀奉承，献媚钻营，捧上欺下，损人利己。相比之下，自尊自爱者显得尊贵和高尚，而抛弃自尊自爱者显得卑微、低贱和渺小。

一个有尊严有人格的人，他不会轻易去侮辱别人。因为当你侮辱了某个人的同时，也等于侮辱了你自己。

在我们人生拼搏的道路上，正因为有自尊自爱这盏明灯的指引，才不至于迷失人生的方向，误入歧途。在学习中，作业不抄袭，考试不作弊；在生活上，不骄奢淫逸，不拜金挥霍……这一点一滴看似平常的举动，正是自尊自爱在细微处的闪光。

自爱，使你端庄；自尊，使你高雅。愿大家都能成为自尊自爱的人、受人尊敬的人。

CONTENTS

目录

廉洁自律

廉洁自律的孙叔敖

仰不愧于天，俯不怍于人。

——孟子

孙叔敖，春秋时期楚国人。他出生在一个小官吏家庭，从小聪明伶俐，心地善良，常常帮助别人做好事。由于他博学多才，品德清奇，被楚庄王任命为楚国的令尹。据说，孙叔敖当了令尹后，四方的吏民纷纷登门祝贺。一天，来了位老者，白头发、白胡子、白帽子、白衣服，仿佛给人吊丧一般。众人都认为这是个老疯子，主张把他轰走。

“不能如此，不能如此”。孙叔敖劝阻大家。又对众人说：“他既然如此怪异，其中必有缘故。今天不管是谁，来到府上都是客人。”说完，他整好衣冠，把老人请到了厅内，恭敬地向老人施了一礼，诚恳地向老者说：“请问老者，人尽来贺，您独来吊，难道有什么话要教导我吗？”

只见那位老者一板一眼地说：“我有三言，请君切记：身处富贵而傲慢无礼教训他人者，人们就会唾弃他；职位很高而独断擅权、玩弄权术者，国君就会厌恶他；享受的俸禄已经很多，仍贪心不足者，众人就会独避他。”

孙叔敖听了这番话，赶忙给老者作揖行礼，请他多加教诲。

老者接着说：“身贵而不骄民，位高而不擅权，禄厚而不苟取。你若能坚守这三条为官的原则，就可以治理好楚国了。”说完，飘然而去。

孙叔敖听完老者的话，心里敬佩不已。他上任后，帮助楚庄王改革制度，整顿吏治，训练军队，又组织民众拓荒种地，开挖河渠，努力发展生产。不久楚国很快富强起来了。《史记》上记述了当时楚国的繁荣景象：“上下结合，世俗盛美，政缓禁止，吏无奸邪，盗贼不起，民乐其生”。楚庄王因得到这样一个好令尹，心里也痛快得很。但是，没过多久，孙叔敖在繁忙的政务中积劳成疾，一病不起。楚庄王征集了楚国最有名的医生为他医治，也未能见效。

孙叔敖临终前，把儿子孙安叫到床前，嘱咐说：“我知道你没有治理国家的才能。我死后，你千万不要做官，还是回老家务农去吧！如果大王一定要封给你土地的话，千万不要争好地方，就把那块没人要的寝丘要来就可以了。我已写好了给大王的奏章，我死后，你把它递上去。”

孙叔敖去世后，他儿子孙安遵嘱把奏章呈送给楚庄王。楚庄王一看，上面除了有关内政、外交、经济、年事和爱护百姓、奖励耕织的许多建议外，还写了这样一段话：

“靠了大王的信任，使我这样一个普通的乡下人居然做了楚国的令尹。尽管我十分努力办事，也报答不了大王的恩宠。现在，我要离大王和楚国而去了。我只有一个儿子，但他没有治理国家的才能。我恳求大王不要留他在身边做官，让他回到家乡去生活，这就是对他很好的照顾了。”

楚庄王一边看着奏章，一边流泪。看完奏章，他痛心疾首，冲着天上喊：“苍天啊！你为什么夺走我的股肱之臣！”他要孙安留在身边当大夫。孙安坚持说要照父亲的嘱咐，回家乡去。楚王一再挽留不成，只好答应了。但是，也许是楚王觉得孙叔敖做了多年令尹，家里生活不会有问题，也许是由于他过分悲痛，把孙安今后如何生活的事忘了。他答应了孙安的请求后，再也没有提起过如何安排孙叔敖家人今后的生活了。

孙安回到家乡后，生活艰难，只得靠打柴为生，过了许多年，还是靠着孙叔敖生前的好友优孟用了让孙叔敖“复生”之计，才得以使楚庄王了解了孙安的困境。

楚庄王要请孙安在宫中做官。孙安仍表示要坚持遵照父亲的意思不愿做官。楚庄王说：“不做官，就封你一座城吧！”孙安无论如何也不要。楚王只好说：“你什么都不要，我心里如何过得去呢？天下人也要骂我的。”孙安听了说：“如果这样，就请大王把寝丘那块地封给我吧！”楚王说：“寝丘是块没人要的废地呀！”孙安说：“这不是我想出来的。父亲临终前就是这样交代的，我怎么好自作主张更改呢？”

最后，楚庄王叹息了一阵，只好答应了孙安的要求，把寝丘封给了他。

子罕却宝

> 不可自暴自弃自屈。
>
> ——陆九洲

子罕，春秋时齐国的一名大夫。他虽身为京城中的官员，却从不恃权营私，贪恋钱财。不管是亲朋好友，还是素不相识的陌生人，凡别人送来礼物，他都一概拒收。

一天，子罕正在府中处理政务。忽然差役进来禀报说，门外有个人求见。子罕急忙放下手中的事务，示意有请。

不一会儿，差役把那人请了进来。只见他身着峨冠博带，衣冠楚楚。进得门后，一边向子罕施礼作揖，一边口若悬河地说开了：

“久闻大人英名，如雷贯耳，怎奈宋齐两国路途遥遥，无缘相见，今日得见大人尊容，实属三生有幸……。”

子罕十分谦和地回答说：

“客人来访，理当会见，请不必多礼。”

接着，子罕想询问来人的情况和来意。然而那人却只管一面欣赏厅里的摆设，一面不断地奉承子罕。见此，子罕虽耐着性子，浑身却像针扎一样难受。出于礼貌，子罕不便发火，只好敷衍着和他胡乱谈了一会话。坐了好半天，也不见那人说明来意。子罕因身有公事，心里很着急，只得委婉地说：

“足下一路风尘仆仆，鞍马劳顿，是否先到客舍休息休息。”

那人说：“大人既是公务在身，小人不敢打扰，今日至此，只有一事相商。”说着，抬眼望了望子罕的左右。

子罕会意，向身边的差役们挥了挥手，让他们退下。那人见厅内别无他人，走到子罕跟前，低声地说：

“小人仰慕大人已久，今日得以相见，我这里有一块刚得到的宝玉，要是雕琢好了，它是无价之宝啊！现在我奉献给你，请大人笑纳。”

说着，那人从袖中把那块碧玉取了出来，双手递给了子罕。子罕接过那玉细看，确实是块宝玉。他放在手上翻来覆去看了几遍。然后，把那玉又递还给了那人。

那人一看，急了，他以为子罕怀疑那玉不是真宝，忙说：

“小人已请玉匠鉴定过了，的确是块价值连城的宝玉啊！你看这纹理多么华美，这色泽多么斑斓，这形态……”

子罕见那人如此百般殷切，笑着解释说：

“我并非怀疑它不是宝，我不收，是因为它是你的宝，而不是我的宝。对你来说它是无价之玉，而它对我来说就不是宝。你把碧玉作为宝，我把不贪作为宝。如果我收了你的宝，岂不是你也丢了宝，我也丢了宝。我看还是我们各自守住自己的宝好啊！”

听了子罕的这一番话，那人只得收起那块玉，灰溜溜地走了。

司马迁拒受玉璧

做人不可有傲志，但不可无傲骨。

——陆陇其

司马迁是我国伟大的史学家、文学家和思想家，汉武帝时司马迁在朝中任太史令。

一日，司马迁正在书居中翻阅史书，忽然家仆来报说门外有客人求见。他急忙放下手中的书，示意有请。不一会，一位家仆打扮的人走进屋来，只见那人从怀中取出一封信和一个精致的小盒子递给司马迁。他打开信一看，原来是大将军李广利写来的。

这时，司马迁的夫人和女儿妹娟走了进来。妹娟好奇地打开那个小盒子。只见里面放着一块晶莹剔透、光彩夺目的玉璧，不禁脱口赞道："美哉！这真是稀世之宝啊！"

司马迁闻声，也不由自主地接过玉璧，翻来覆去地玩赏着，口里也赞叹道："是啊，如此圆润，这般光洁，真可谓白璧无瑕啊！"

站在一旁的夫人见此情景，开口问道："莫非大人想要收下此玉？"

司马迁笑笑说："便是收下又能怎样？而今送礼受贿已成风气，朝廷内外，举国上下，两袖清风者又有几个？"

夫人听罢，忿然作色地说："送礼受贿，投机钻营，历来为小人所为，大人对此一贯深恶痛绝，今日不知为何自食其言。不错，收下此礼也许不会有人追究，但只怕是要玷辱了大人的人格！"

司马迁一听，"扑嗤"一笑，说："夫人所言正是。我只是故意考一考你，谁知你竟当起真了。”

接着，他又转过身来，语重心长地对女儿说：“此玉之所以美，就是因为它没有斑点、污痕，人也如此。我是一个平庸之辈，从不敢以白璧来比喻自己，但如果收下这份礼物，心灵上就会沾染上污痕。”

说着，司马迁把玉璧装回盒中，交给那个家仆，随即又挥笔给李广利写了一封回信，表达了他的谢绝之意。

清廉的范滂

人必其自敬，然后人敬诸！

——杨雄

范滂字孟博，东汉汝南郡征羌县人。

范滂年轻时就注重品德修养，养成了清廉的节操，为人刚正不阿。他坚持真理，不畏强权，深受州郡和乡里的钦佩，因此被推荐为孝廉。

有一年，冀州发生灾荒，饥民纷纷造反。朝廷任命范滂为清诏使，到冀州巡视。

范滂登车出发，手握缰绳，慨叹世道黑暗，政治混乱，胸怀澄清天下的抱负。

范滂每到一处，公正执法，有错必纠，有罪必罚。不管你后台是谁，也不管你和他有什么关系。

范滂一到冀州，那些太守和县令因平时贪赃枉法，听见风声都扔下官印逃跑了。范滂秉公执法，弹劾有罪的官吏，百姓无不额手称庆。

接着，范滂又被太尉黄琼征召去做官。后来皇帝下诏书要太尉、司徒、司空三府下属的主要官员去采访民间疾苦，检查地方官吏的善恶得失，然后向朝廷报告。范滂到地方后，一下子就弹劾了刺史、太守和豪绅共 20 多人。尚书责备他弹劾的人太多，怀疑他夹有私心，公报私仇，动机不纯。范滂解释说："我所检举的如果不是贪污腐败、奸邪残暴、为患一方、残害百姓的坏人，怎肯用他们玷污我的纸笔呢？现在只因朝堂会审在即，时间仓促，所以先检举那些急需检举的人。至于那些没有调查清楚的，还正在反复核实，说不定比这还多呢。我听说农夫锄了杂草，庄稼才会茂盛起来；忠臣除恶务尽，法不徇私，国家政治才会清明。假如我检举的不符合事实，甘愿当众接受死刑。"尚书见范滂刚正不阿，这才不再追问什么了。

汝南郡太守宗资早就知道范滂的名声，请他代理功曹职务。功曹是郡守或县令的主要属官，负责选用任命和考核功绩。范滂在职期间，对吏治严加整顿，疾恶如仇，任人唯贤，凡是行事违背孝悌，以及不遵守仁义规范的人，一律撤职，不同他们共事。范滂还把操行卓异的人推荐到显要岗位，把被埋没的人才选拔出来任职。

范滂的外甥西平县人李颂，是西平王李通的后代，在家乡名声很不好，没有人肯推荐他。中常侍唐衡特地请宗资帮忙，宗资同意录用李颂。范滂说："他不是适当人选。"范滂公字在先，不肯徇私，将此事搁置下来，一直不加委任。

宗资见自己的命令没有执行，就把怒气发在书佐朱零身上，下令拷打朱零。朱零抬头望着宗资说："范滂刚正不阿，疾恶如仇，就像快刀砍朽木一样，是不能违抗的。今天我宁可被你打死，也不敢违背范滂的决定。"宗资见这又是一个刚正不阿的人，便只得作罢了。

汝南郡中级以下的官员都恨范滂，指责他所任用的人为范党。而范滂仍然我行我素，刚正不阿，只知任人唯贤，不知其他，根本不在乎别人的议论。

宗资是范滂的顶头上司，西平王是范滂的间接上司，范滂敢于抵制他们的错误决定，这是不逢迎，不屈从，不附和；李颂是范滂的外甥，而范滂不肯任人唯亲，就是不用李颂，这是多么难能可贵啊，这是不徇私，不偏袒。由此可见，范滂是真正的自律啊！

廉洁的羊续

人必自悔然后人悔之，家必自毁然后毁之，国必自伐然后人伐之。

——《孟子》

羊续，东汉末年，他在光武帝老家南阳郡任太守。

南阳这个地方比较富裕，俗称是鱼米之乡。由此，社会风气比较奢华，郡县官吏衙役间彼此请客送礼、拉关系和托请办事之风盛行。羊续素来为人正直，清政廉洁，对此十分厌恶。到任后，他决心扭转这种风气。

就在他到任不久，一位郡丞提了一条又大又鲜的鲤鱼，兴冲冲地去看望他。

羊续见他提着一条大鱼来见他。不解地问：

“你这是什么意思，莫非是来给本官送礼？”

郡丞解释说：

“这不是送礼。只因南阳因鲤鱼出名，这是我自己在空暇时从河里捞到的，出于同僚之情，请您尝尝鲜，增加点对南阳的感情。”

羊续听了他的话，深知其话中有话，不动声色地表示说：

“同僚的友好情意我心领了，但这鱼是不能收的。”

郡丞三番五次地争辩，无论如何也要羊续收下。末了还说：

“若是太守不肯收下，就是不愿与我等共事了。”

羊续无奈，只得答应把鱼留下了。

郡丞在回家的路上觉得很得意，心想，都说羊续铁面无私，不收受别人的礼物，今天不也收下了吗？哪知，待郡丞走后，羊续马上叫家人用一条麻绳把鱼拴好，悬挂在自家的房檐下。

过了几天，这位郡丞又来了。这次又带了一条比上次那条更大、更鲜的鲤鱼。羊续见了，很不高兴，沉着脸很严肃地对郡丞说：

“在南阳，除了太守，就属你的职位高了。你怎么带头给我送礼呢？”

郡丞仍以上次的经验，不以为然地摇了摇头，接着还想再说点什么。

这时，羊续叫人从房檐下取回上次那条鱼，送给郡丞说：

“这是你上次送来的那条鱼，现在有两个办法：一是请你把这两条鱼一块儿拿回去；再一个办法，如果你坚持不拿回去，我就只好把两条鱼都挂在我的房檐下，并告诉大家说这是你给我送礼来了。”

郡丞听了这番话，脸一下子全红了，只好带着两条鱼，悻悻地离去了。

这事传出后，南阳再也没人敢给太守送礼了。百姓们都非常高兴，称赞这位新来的太守真是廉洁。大家还风趣地给羊续取了个雅号，称他是“悬鱼太守”。

严于律己的马援

> 爱己者，仁之端也，可推以爱人也。
>
> ——王安石

马援，字文渊，是东汉初期的名将。最初他依附于陇西的隗嚣，后归顺刘秀，参加攻灭隗嚣的战争。不久调任陇西太守，平息了羌人的入侵。南征北战，屡建战功，被授予“伏波将军”。

马援居功不傲，谦虚谨慎，被人们传为佳话。

一次，马援打了胜仗，率军凯旋归来，将要进城，许多老朋友前来欢迎慰劳他。欢迎人群中，有一位素有谋略才能而名闻朝野的人，名叫孟冀。马援一见，心里感到很不是滋味，于是便对孟冀说：

“你是一个很富有谋略的名臣，我本期望听听您的金玉良言，指出我的努力方向，您怎么反而像普通人那样说起客套话来呢？从前的伏波将军路博德设置7个郡，才加封了几百户。现在我功劳微薄，却享受三千户赋税的领地，实在深感惭愧。这样功小赏大，我正忧心不知该用什么行动来报偿，您该用什么谋略来帮助我呢？”

孟冀摇了摇头，说；“我还没考虑到呢。”

马援见此情景，接着说：“如今匈奴、乌桓还在扰乱北方，我打算主动请求出征。困难当前，大丈夫应战死沙场，用马草裹着尸体回来埋葬罢了，怎么能安然地在家里等着寿终正寝呢？”

马援以自己的行动实践了自己的诺言。已是62岁高龄的人，仍率兵征战在沙场，最后因病死于疆场。孟冀赞叹他时说：“真是一心建功立业的男子汉。”

马援不仅严于律己，也严于告诫自己的亲属。

马援哥哥的两个儿子，常喜欢在别人背后议论人家的过失。他很生气，立即写信告诫他们。信中说：“我希望你听到人家的过失，能像听到你们父母的名字那样严肃对待。耳朵可以去听，但嘴巴不可以去乱说。好议论别人的长短，拨弄是非，是最可恶的行为，我很讨厌它。我宁愿去死，也不愿听到子孙有这种可恶的行为。我之所以这样叮嘱你们，就像母亲叮嘱一个将要出嫁的闺女一样，目的是希望你们不要忘记我的告诫。”

后来，他的两个侄儿果然没有辜负他的告诫，改正了自己的缺点，成为了被人们称赞的好后生。

杨震拒绝收礼

大臣法，小臣廉，官职相序，君臣相正，国之肥也。

——《礼记》

东汉年间，荆州刺史（相当于省长）杨震发现当地有个叫王密的读书人，学问渊博，才华出众，觉得他堪为大用，于是就向朝廷举荐，后来经过考核，王密做了昌邑（在今山东境内）县的县令。

几年后，杨震奉命调任新职。当他离开京城洛阳赶赴任所时，一路上轻车简从，途经许多州县都是住在路边小店。要是不认识的人，谁也不会想到这位普普通通的老大爷竟会是朝廷重臣。

这一天杨震来到昌邑，先找个小店住下。一会儿，忽听见院里人声嘈杂。店主慌忙来报："县太爷到了，要接您进县衙去住呢，您赶快收拾一下吧！"

店主的话还没有说完，只见一个身穿官服的人进门来倒地便拜，口里说："学生王密，不知恩师驾到，有失远迎。刚才有个荆州老乡告我说，您已住进小店，我才赶忙来接。现在县衙里已经给您清理出一间书房，还是搬过去住安静些。"

杨震推托不过，只得坐上王密派来的官轿，住进了县衙。

在县衙，王密亲自端茶端饭，照顾得无微不至。已经夜深了，王密还在诉说着别后离情。他还说："当年若不是恩师举荐，我王密至今还是白丁布衣，是不会有今天的。为这事我会感激您一辈子的。"

杨震很平淡地说："举荐贤才是我的本分职责。只要你能努力为国效力，我就心满意足了。”

“一定，一定。”

王密说完这话，立即走出门去四处张望。返回后闭紧房门，从怀里掏出个口袋，低声低气地说：“为了感谢恩师的知遇之恩，我本来应送重礼，但仓促之间来不及准备，只备下10两黄金，不成敬意，请您收下在路上使用吧！”

杨震见状，连声说：“不可，不可！朝廷已经三令五申，不准大臣外出收礼，难道你不知道这个规定吗？”

“规定是知道的。可哪个当官的不收礼？况且现在是黑夜，外面没有一个人，谁也不知道，您就放心大胆地收下吧。”

杨震有点生气了。他很严肃地说：“要想人不知，除非己莫为。你送金子给我，天知、地知、你知、我知。明明有这‘四知’，怎么能说谁也不知道呢？再说，以为别人不知道就宽容自己，这是很要不得的，你怎么能这样做呢？”

王密看见恩师动了气，只得连声认错。包起金子，赶忙辞别杨震，回家去了。

正直清廉的父与子

> 不辱其身，不羞其亲。
>
> ——《礼记》

胡质，三国时魏国的一位太守，他为人正直，执政清廉，虽先后任过县令和太守，但其家人一直过着很清贫的生活。

一年，胡质升任荆州刺史，他的儿子胡威从京都来看望他。由于家境清贫，没有车马仆僮，胡威只得独自赶着毛驴前来探望父亲。父子在荆州相聚了十余天后，儿子胡威要返回京都了。临别时，胡质拿出一匹细绢，送给儿子以作为归途中的盘缠。

胡威见到这匹细绢，竟然大吃一惊，忙向父亲跪下，不解地问道：

“父亲大人，您一向廉洁清白，不知是从哪儿得到这匹细绢？”

胡质深知儿子的心意，高兴而又坦然地笑着对儿子说：

“孩子有所不知，这不是赃物贿品，而是我从薪俸中节省下来的，所以用来给你做路上的盘缠。”

胡威听父亲这么一说，才伸手接过细绢，告辞了父亲。

胡威独个儿赶着毛驴踏上了归途。一路上，他每到客栈，都是自己喂驴、劈柴、煮饭，从不雇用别人。三天后，一位自称去往京都的人，提出与胡威同行。此人谈笑风生，为人慷慨大方，自和胡威同行之后，百般殷勤地照料着胡威。他不仅处处帮着胡威筹划出主意，有时还请胡威吃喝。这样一连几天，胡威心中暗暗地纳闷了。心想，此人看来心眼并不坏，但他与我素不相识，为什么对我一见如故，又如此百般殷勤呢？胡威对他的行为产生了怀疑。

原来，此人是胡威父亲胡质属下的一个都督，早就有意想巴结讨好胡质，但听说胡质为人正派清廉，最不喜欢溜须拍马的人，所以一直没找到合适的理由和时机。这次，他听说胡质的儿子要独自回京都，自认为是个大献殷勤的好机会，于是他探听得胡威起程的日子，就以请假回家为理由，提前做好了准备，暗中带着衣食之物，在百里外的地方等着胡威，以便同他结伴而行。所以，他会同到胡威后，才有这一番表现。

胡威在多次与那人悄悄的谈心中，终于得知了真情。于是，胡威立即从自己的行包中取出了父亲送给他的那匹细绢，递给这位都督，以此偿还他一路花销的费用。这位都督拒绝不收。胡威说：

“我父亲的为人，你应该是知道的。他执政廉洁，为人清白，从不接受别人馈赠，我做儿子的如果仗着他的权势占别人的便宜，就等于在这匹白绢上面泼上了污水，岂不大错特错了吗?”

那都督看到胡威态度如此坚决，心想，真是有其父，必有其子。只好十分尴尬地拿着那匹白绢和胡威道别了。

吴隐之笑饮贪泉

能使人知己、爱己者，未有不能知人、爱人者也。

——王安石

在广东南海的西北，有一条清冽的泉水在淙淙地流淌。泉水周围，山花烂漫，景色宜人。可是，如此秀美的水光山色却很少有人来这里游玩。

一天，远远走来一队人马，走在最前面的一个官吏，轻快地跳下马来，他神情凛然，气宇轩昂，径直走到泉水边，望着清冽的泉水，不住地说:“好泉水，好泉水啊!”说着弯腰就要去舀泉水。旁边一个小吏忙上前制止说:“大人，这泉水不能喝呀!”这位官吏忙站起身，疑惑地看着小吏，问道:“为什么不能喝?”小吏忙说:“这条泉，是有名的贪泉，据说人喝了这泉水，就丧失了自己清廉的本性，会变得贪得无厌的。大人一向以清廉节俭而著称，我怕大人喝了这泉水，于大人不利。”听罢这话，官吏不禁仰头哈哈大笑，说:“天下还有这等奇事，我倒要看看这泉水能不能改变我的本性。”说完，拿起杯子舀了一杯泉水一饮而尽，然后长长地舒了一口气。看到这一幕，旁边的小吏目瞪口呆，不知如何是好。喝完了水，这官吏遂赋诗一首:“古人云此水，一歃怀千金;试使夷齐饮，终当不易心。”然后微微一笑，带着人走了。

这个官吏不是别人，就是东晋时赫赫有名的清吏吴隐之，他是建安文人吴质的后代，此次之行是到广州接任刺史职务的。

当时的广州，是个气候温润、物产丰富的富饶之地，从东汉以来一直是我国重要的海上贸易中心，每年都有印度、伊朗、南洋等大量的商船往来。以往的贪官污吏往往借此搜刮敲诈商人的财产，大量收受外商的贿赂。所以，凡来广州做官的人都发了横财。因此，当时广州流行着这样一首歌谣："广州刺史过城门，便得私财三千万。"朝廷虽明知有此弊端，但因鞭长莫及，难以遏止这种状况。最后，只好派一贯清正廉洁的吴隐之来接替广州刺史的职务。

吴隐之喝了清润甘甜的贪泉水，更加神采奕奕。于是，日夜兼程，直奔广州城。

到了广州，接任刺史后，人们听说他喝了贪泉水，都拭目以待，等着他的变化。只见他穿的依旧是往日的旧衫，吃的只是蔬菜和干鱼。而且妻子儿女也都穿着自家纺织的粗布衣裳，在广州这个商业发达的地方还真显得有些土气。

有一天，他手下的一个属吏想试试吴隐之，也想讨好这个土头土脑的新刺史，就送来了许多肥鱼和海鲜。吃饭时，吴隐之看着满桌子佳肴，惊奇地问："哪来的肥鱼和海鲜？"家里人不敢隐瞒，据实告诉了他。吴隐之一听，当即拉下脸来，命家人找来了那个官吏，处罚了他。并且当众声明：有贪赃枉法者和贿赂者，一律从严惩处。广州的属吏们见他廉洁如此，又这样威严，谁也不敢放肆了。从此以后，广州的吏风一下子好了许多。于是，广州城又传出一条谣谚："喝贪泉而不贪，不是水贪是人贪。"

不久，吴隐之的大女儿要出嫁了，按以前的惯例，这婚事应该很隆重热闹。许多人都想趁这次机会与吴隐之套近乎、拉关系。因此，办喜事的那天，一大早就有人来吴隐之家随礼。谁知到了门前，都愣住了，大门紧关着，门上既没张灯结彩，也没有喜字，院子里静悄悄的，哪有办喜事的样子？过了好一会儿，大门开了，吴隐之走出来，对前来贺喜的人说："我家女儿出嫁，有劳各位光临，我吴某深表谢意。但我想以节俭为本，所以不设家宴。大家既然来了，就请进去喝一杯喜茶吧！至于带来的礼物，还是请诸位带回吧。"来贺喜的人你看看我，我看看你，谁也说不出话，都被吴隐之的清廉所感动，这在广州，还真是开天辟地第一个啊！

尽心国事，不图名利，挹贪泉而不渝清廉，这才是仁人君子的真实品格。

顾恺之设计烧债券

富贵不能淫，贫贱不能移，威武不能曲，此之为大丈夫也。

——《孟子》

顾恺之是南北朝时宋国吴郡太守，由于他政治清简，风节严峻，故素为人们所敬重。

一天，他的一位朋友来看望他，说："我有一言，不知当讲不当讲？"

顾恺之笑了笑，说："有话请讲，不必顾虑。"

那位朋友犹豫了一会儿，说："是关于你公子的坏话。"

顾恺之严肃地说："那更应该讲。若隐瞒于我，那倒是害了我呀！"

那朋友见顾恺之并无反感，而且诚心诚意。就说："你的儿子顾绰，这些年来，不择手段地收积了许多钱财。而且，还在外放债，收取高利也不择手段。如不加管束，怕是会越演越烈啊！"

顾恺之听了，大吃一惊，连连向友人道谢说："谢谢你告知我此事，不然，我仍被蒙在鼓里，岂不害人害己啊！"

送走了友人，顾恺之叫来了儿子顾绰。

顾绰可能也有所预感，见了顾恺之，哆嗦着问："父亲唤我有何吩咐？"

顾恺之十分生气地问："听说，你有许多钱？"

顾绰只得点点头，答："是。"

"钱是怎么来的？"顾恺之接着问。

顾绰想了想，慢慢地说："做生意赚了些钱，又将钱放债出去……"

顾恺之一跺脚，骂道："逆子！谁让你去谋财放债！你赶紧悬崖勒马。不然，我饶不了你！"

顾绰连忙答应说："是，是，我一定遵照父亲的话办。"

此后，顾绰虽表面上收敛了一些，但实际上仍在放债，只是做得更隐蔽了。

俗话说："要想人不知，除非己莫为。"

顾绰年复一年，变本加利，债放得越来越多，致使远近乡里许多人都欠了他的债。

顾绰在外放债的事，终于还是传到顾恺之的耳朵里。顾恺之想了想。一天，他把身边的侍从叫来，叮嘱一番，设下了一计。

他坐在堂上，命侍从说："叫顾绰前来。"

顾绰听说父亲叫他，心想准没好事，不是教训，就是追查放债之事。

硬着头皮，顾绰来到父亲跟前，施礼后，问道："父亲唤儿有何吩咐？"

顾恺之和颜悦色，指指旁边的椅子，说："我儿坐下。"

顾绰见父亲这样待他，一颗悬着的心落地了。坐下后，等着父亲再问。

顾恺之望了望儿子，脸上装出为难的样子，说："听说我儿有些债券。眼下为父有急用钱财之处，不知我儿可否借我用一些？"

顾绰一听，心里立时高兴起来，忙对父亲说："父亲如要用钱，当然可以。"

顾恺之停了停，问："但不知我儿有多少债券？"

顾绰忙不迭地夸耀说："可不少呢！"

"很多？"顾恺之故作惊讶地再问。

“可不是吗!”顾绰趾高气扬地肯定地说。

“为父可以看一看吗?”

“父亲不相信?”

“拿来我看，就信了。”

“好，您等我去取来。”

不一会儿，顾绰搬来一只箱子，放在大堂中央。

顾恺之不慌不忙地说:“打开。”

“是。”

顾绰打开锁，掀开箱盖，箱子里果然装满了债券。

顾恺之走到箱子跟前，说:“好，好，待为父看来。”

他仔细看了看，没有假。直起腰来，突然大声呼唤道:“侍从过来!”

几个侍从跑了过来。

顾绰还没明白父亲什么意思，那几个侍从抬起箱子就走。

“你们干什么?”顾绰着急地问。

顾恺之制止儿子说:“不要急，你稍等，就会知道他们干什么。”

侍从将一箱子债券抬到院子中，点起了一堆火，然后一下子将全部债券投入火中。

顾绰一看，哭着冲上去，喊:“不能烧，不能烧!”但是，早已来不及了，呼啦啦的火苗，很快烧光了那些沾满了无数人家血泪的债券。

顾恺之哈哈大笑，说:“顾绰，不用哭。你已经陷得很深了。烧了这些债券，从此可以清清白白做人了。”

转过身来，顾恺之又对侍从说:“传言乡里，有借顾绰债的，一笔勾销，不用还了!”

远近乡里，那些借债的、没借债的，听到这个消息，无不赞扬顾恺之严于律己、严于教子、清廉公正的品格。

刘温叟婉拒厚礼

> 辱，莫大于不知耻。
>
> ——王通

刘温叟是宋朝的大臣，在朝中主管过吏部，任过御史中丞等职。

刘温叟廉洁正直，又有才干，先后得到宋太祖、宋太宗的器重和信任，朝野内外名气很高。不少人愿做他的门生，拜他为师；也有些势利之徒和惯于钻营的小人总想寻找机会接近他，和他拉关系。

一次，一个自称是刘温叟门生的人，突然给他家里送去一车粮草，作为进见礼。他想以此取得刘温叟的欢心，以便进一步投靠和求助于刘温叟。刘温叟见此人的这般举动，心中很不愉快，但他仍然以和蔼的态度百般解释、推辞。可是，尽管刘温叟推辞再三，这个人就是不肯把粮草拉走。没办法，刘温叟就吩咐家人拿出一套贵重的衣服回赠给这个送礼的人。这套衣服的价值是那车粮草价值的好几倍。那送礼的人一看这种情形，只好放下衣服，无可奈何地把那车粮草拉了回去。

太宗皇帝知道刘温叟一向清廉，与同僚相比，他并不富裕。于是，特意派人给他送去了五百千钱。其中涵义，既有奖赏之意，也有关怀之情。刘温叟见是皇上的赏赐，碍于情面，只好收下。然后，他把这些钱原封不动地存放在厅西的一间屋子里，并当场把钱和门都封上了，送走了送钱的人。

第二年端午节时，宋太宗又派人给刘温叟送来一些粽子和扇子，以表示对他的器重和关怀。那派来的人恰好还是去年送钱的那个人。那人到刘温叟家中一看，去年送来的钱仍然放在那间屋子里，原封未动，事后，那人回去把所见情形如实地向宋太宗作了禀报。

宋太宗听说后，心中万分感慨，说："连我送去的钱都不用，何况别人的了。看来，过去他之所以收下了我的钱，只是不想拒绝我的情面呵！这钱整整过了一年还未启封，可见他的廉洁情操是多么的高尚。"

善守清廉的元明善

知耻近乎勇。

——孔丘

元明善，字复初，元朝大名清河（今河北）人。元朝文学家，著有《清河集》，曾任湖广两省参知政事、翰林直学士、参与修撰《成宗实录》、《仁宗实录》等。

元明善才思敏捷，文辞清新，为人又清正廉洁，元仁宗非常器重他。

一次，元仁宗命一位蒙族大臣为正使，元明善为副使，组成一支有文有武、蒙汉多民族的外交使团，出使交趾国（今印度支那地区）。在交趾国外交公务办完后，交趾国国王派人给元朝使团送来一批金银、珠宝等礼物。看着这些厚礼，使团中的官员多有不同的想法和反应，大家都在看着正副使节的态度。

正使见后，非常高兴，连声说："多谢国王的厚意"，就把给自己的礼品收下了。随从人员见正使答应收下了，便各自纷纷地收起给自己的礼物。只有元明善表现得非常冷淡，心中很不高兴，只是正使已收下了，自己不便多说。

正使看到元明善这个样子，以关心的态度劝说道：

"给你的这份礼品，就让随从给你收起来吧！"

“不，不，大人!”元明善急忙摇头阻止说。

“为什么？阁下莫非嫌这份礼品轻了？”正使不解地问。

“不，不，请大人不要误会。家母在世时，一再教育下官不得收受馈赠，她老人家在弥留之际，还拉着我的手要我点头答应才肯瞑目。”

正使深知汉族人的礼教，又知元明善极重孝道，不便勉强，正使便冷冷地说了声：“阁下不违母教，可敬，可敬！本官不再勉为其难了!”说完，一拱手回房去了。正使走后，元明善立即令其随从将给他的礼品交给馆舍人员，让其转呈交趾国王。

交趾国派来送礼的人，把所见情形如实地向国王做了禀报。当谈到正使及随行人员的行为时，在坐君臣们不免心中暗笑，认为元朝官员品格不过如此。但当谈到元明善拒收礼品时，大家都非常震惊。国王觉得这是位神奇人物，一定要见识见识。于是特意亲自到馆舍拜访元明善。

国王看到元明善简朴的行装，暗暗钦佩，端正不语。元明善并不知国王来意，忙恭敬地说：

“国王政务繁忙，何必又来送行？”

国王笑了笑，说：

“我因有件事很不理解，特来求教。”

元明善起身说道：

“请国王明示。”

国王请元明善落坐，温和地说：

“敝国为感谢使者们跋山涉水远道而来，特备薄礼相赠。贵国大臣及随从人等均已收下，独你作为副使为什么不收？”

元明善没想到国王特来询问此事，感到有些惊奇。心想，在国王面前，他既不能公开指责上司，说正使贪财受礼，有失国格，也不能再推说自己是遵照先母遗教。沉思片刻，他巧妙地解释说：

“谢谢国王的好意，大使是代表我们国家接受贵国的礼品，表示两国和睦友好，我个人如若再接受礼品，就有贪财之嫌，有损我国的国格了，为了尊重我国的礼节，所以我不能接受，请大王谅解。”

国王听了他这番不卑不亢、巧妙机智的回答，赞叹不已。站在一旁的正使听后也连忙应付道；

“是的，是的，我接受的这份礼品正是代表我们国家的。”

回国后，正使只得把国王送的那份礼品上交了。

王翱为官绝私情

> 不戚戚于贫贱，不汲汲于富贵。
>
> ——陶渊明

王翱是明代自成祖至景帝的五朝重臣，从一名普通官吏到吏部尚书，为官几十载，却始终公正处事，勤政用贤，廉洁奉公，人们都非常敬重他。因为过世后谥号忠肃，后人都尊称他为“忠肃公”。

作为权重位高的老臣，王翱从不居功自傲，以权谋私。他对自己的家属子女管束很严，有时到了让一般人觉得不近情理的地步。他的爱女嫁给了在京郊做官的贾杰。王翱的夫人十分疼爱女儿，常常接女儿回娘家小住。因为女婿在郊外为官，女儿每次回娘家都不很方便，所以，每当接来送去，女婿都发牢骚说：“你父亲是吏部尚书，正管理着各级官吏，只要他老人家尊口一开，我就可以像摇树叶一样被摇到京都。何必这么麻烦地接来送去的呢？那样的话，你们母女也可以常相陪伴了。”女儿把这个意思对母亲讲了，王翱夫人觉得这事也不算过分，对王翱这个掌管全国官吏的最高首长来说，也就是一句话的事。有一天，趁着王翱高兴，王夫人备了点酒菜，眼看酒过三巡，便婉转地把女儿的请求说了。可是没想到，王翱一听勃然大怒，斥责说：“亏你说得出口，我这不是借手中的权力徇私情吗？如果在外地任官的人都提出如此要求该怎么办?”他越说越恼火，拿起酒杯就摔了过去，夫人的脸都被划破了。一席家宴就这样不欢而散，王翱也愤然离去，回到朝房，一连十几天都没回家。从此以后，女婿调转京城的事没人敢再提了。一直到王翱去世，也没把女婿调进京城。

王翱生活的明朝，非常注重科举考试，官吏晋升都离不开考试成绩。王翱有个孙子，才学很一般，文墨也不太精通。本来他已经受到特别的优待，有了一定的职位，可是他嫌官卑位低，想通过科考求得晋升。可毕竟是实力不足，自己也知道凭真才实学难以过关。于是，他通过关系，从有关部门弄到一份试卷，准备参加当年的秋试。王翱知道后，毫不留情地制止了他，王翱严肃地对孙子说:“你如果真有考中的才学，我能忍心埋没你吗?你明摆着不具备应试的条件，假如主考官照顾了你，就会有一位真正具备应试条件的人落选。再说，你已经有了一定的职位，何必强所不能，存非分之想呢!莫不如继续刻苦攻读，成就学业后再去应试。”说完当即撕了考卷，并用火烧了。

王翱身居显位，又占据朝廷要职，但几十年如一日，从不以权谋私，即使在人际交往中也始终两袖清风。因为他政绩突出，家境清贫，皇帝每年都赏赐给他不少金玉束带、锦绣衣物，或是银币玩器，但他从不摆饰动用，长年自奉俭素，总是穿着普通的衣装。在他提督辽东军务时，与一位太监关系密切。不久，王翱将要调任，这位太监出于对他的敬重，拿出4颗西洋明珠相赠，以留作纪念。王翱怎么也不肯收，最后，太监流着泪说:“这些明珠绝不是我收受贿赂所得，而是先皇将郑和所购得的西洋明珠赏赐给身边的侍臣，我得了8颗。今天送一半给你，作为纪念，请一定收下。”看到太监如此真心诚意，王翱很感动，只好将明珠收下，缝在上衣夹层里保存着。

后来，王翱回京执掌吏部时，那位太监已经过世。王翱几经求访，找到了太监的两个穷侄子，对他们说:“你们的叔叔一贯奉公守法，在世时对你们要求很严，你们现在生活一定很困难吧?”两位年轻人回答说:“确是如此。”王翱又说:“如果有什么致富的打算，我可以帮助你们。”没过几天，他们向王翱说了自己的打算，王翱马上把保存的4颗西洋明珠送还给太监的两个侄子了。

从政清廉，持家勤俭，待人公正，这是王翱一生遵循的人生准则，正因为他能一丝不苟地遵循这一准则，所以才获得了“忠肃公”的美称。

清廉的海瑞

人不能重己，无以致人。

——海瑞《赠吴颐庵二尹句容序》

海瑞是明代著名政治家。明武宗正德九年12月（1515年1月），海瑞出生于海南琼山（今海口市）。

海瑞祖父曾担任过知县，为人清廉公正。海瑞的父亲是位廪生，也就是所谓官费秀才。

海瑞的父亲于海瑞4岁时去世，留下十多亩祖田。海瑞与母亲谢氏相依为命，谢氏教海瑞读书，督责极严。

海瑞幼时生活虽然很清贫，但他人穷志不穷，发愤苦读诗书，于明世宗嘉靖二十八年（1549）考中举人。

海瑞做官后屡平冤假错案，打击贪官污吏，两袖清风，爱民如子，因而深得民心。

嘉靖四十五年（1566），海瑞出任户部云南司主事。他忠于职守，关心朝政。

嘉靖皇帝即位以来，不理朝政，深居西苑，专心致志地设坛求福。总督、巡抚等封疆大吏争着向他进贡有祥瑞征兆的物品，礼官总是上表祝贺。朝中大臣没有人敢于进谏。

嘉靖四十五年2月，关心国计民生的海瑞上书说：“陛下一心一意学道修行，花尽民脂民膏，20余年不上朝听政。数年来官吏贪污横行，欺压百姓，百姓已无法生活了。请陛下看看今日的天下还成什么样子？对于陛下的错误，大臣们只知阿谀奉承，没有一个人肯为陛下指出的。这是欺君之罪啊！天下是陛下的家，陛下连家都不顾了，这合乎人情吗？陛下的失误太多，但其中最大的失误是修道。修道的目的是为了追求长生不老。这是小人制造荒唐离奇的事来欺骗陛下。陛下企图脱离世间，成仙飞升，这是在追求茫不可知的领域，这是枉费精神，捕风捉影。这只能劳苦一辈子，一无所成。现在大臣害怕治罪而不敢说真话，臣却抑止不住心中的愤恨，冒死进言，希望陛下听取，早日上朝，改革朝政，救救百姓。”

嘉靖皇帝读了海瑞的奏章，十分愤怒，把奏章扔在地上，对左右说：“快把海瑞抓起来，不要让他跑了。”宦官黄锦对嘉靖皇帝说：“这个人是不会跑的。听说他上书时，知道冒犯皇上必死，已经预先买好了一口棺材，还和妻子诀别了。”

嘉靖皇帝将海瑞关进监狱后，越想越气，要杀海瑞。这时，宰相徐玠上前用几句话救了海瑞。他是这样说的：“陛下，听说海瑞在上书之前，已经买好了棺材。他明知会触怒皇上，还敢如此大逆不道，其用心何其歹毒啊！此人的目的十分明显，他这是要激怒陛下，好以死求名。陛下如果杀了他，岂不正中了他的圈套？”嘉靖皇帝全神贯注地听着，一边听一边点头，心想：“是的，我是一位英明的皇帝，怎能让一个小小的六品主事给骗了呢？”

就这样，海瑞的命保住了，继续在监狱住了下去。

不久，嘉靖皇帝病逝，海瑞获释出狱，官复原职了。

明代中后期，地主兼并土地的现象十分普遍。他们与官府勾结，不交税、不服役，给老百姓增加了沉重的赋役负担。百姓被逼迫着要多交税、多服役，生活苦不堪言。

海瑞出狱后，不久便升任右佥都御史，巡抚应天十府。应天十府包括现在江苏、安徽两省大部分地区。

海瑞上任后，不顾大地主反对，重新丈量土地，规定按实有土地面积缴纳田赋，田多多纳，田少少纳，无田不纳。他还强令大地主退田，试图解决土地兼并问题。海瑞的这种做法虽然遭到大地主的强烈反对，但深得民心。

巧的是，这一地区最大的地主正是曾救过海瑞的徐玢。徐玢退休还乡后，纵容儿子强夺民田，肆无忌惮地兼并土地，弄得民怨沸腾。

海瑞命令大地主退田时，他的儿子十分忧虑。徐玢笑了笑说："我救过海瑞的命，他不会不照顾我的。"海瑞为了推动退田，为了国家大计，他刚正不阿，公事公办，不顾情面，勒令徐玢退田，并将他的儿子制裁了。

其他大地主见海瑞连恩人也不放过，都纷纷退田，土地兼并的现象缓解了。

由于交税和服役的人多了，百姓的负担也就减轻了。

海瑞刚正不阿，救了好多人的命，使他们免于饥饿劳累之苦。

海瑞为封建社会的官员树立了刚正不阿的典范。所谓刚正，指刚强正直。不阿有两层含义，一是指不逢迎，不附和；二是指不偏袒，不徇私。

当初，要不是徐玢在朝上挺身而出，力救海瑞，海瑞早就死了。因此，海瑞对徐玢一直心存感激之情。这次，海瑞以国事为重，不顾私恩，一般人是做不到的。正因为海瑞是个大公无私的人，所以才能刚正不阿。这属于不偏袒、不徇私之类的。

于谦清廉志高洁

> 粉身碎骨浑不怕，要留清白在人间。
>
> ——于谦

明朝景泰八年正月的一天，凛冽的北风夹着雪花，呼呼地刮着。一队士兵押着一个犯人向刑场走去，后面跟着千余名百姓，有的手里拿着酒壶，有的边走边擦眼泪，人群中不时传出幽咽的哭声。大路两旁，也站满了人，个个都神情凄然，默默地流着泪。而这个即将死去的犯人则神气凛然地昂着头，布满血丝、略有红肿的眼睛深情地望着路边的百姓，嘴角挂着一丝不易察觉的微笑。他好像不是去刑场，而是去出征，去履行一个重大的使命。这个犯人就是明代杰出的政治家、军事家、著名的爱国民族英雄于谦，一个有崇高气节、廉洁清白的仁人志士。他怎么会被押上刑场呢？

原来，于谦做地方官时，朝廷里有一个太监，叫王振，他把持着朝政大权。这是一个非常阴险贪婪的家伙，他利用皇上对他的信任，贪污大量的钱财，外地官员到京城办事，一定要带上厚礼或当地的土特产品，不然，王振就不让你办成事。许多地方官到京城，都要特意带两个随从担着礼品。有一次，于谦也要到京城去办事，他的朋友来给他送行，见他两手空空，只身一人就要走，就担心地说："你不带东西恐怕不行吧？即使不带金银之类的重礼，也要带点特产啊！"于谦听了，笑着举起袖子说："谁说我什么都没带，你看，这不是有两袖清风吗？"说完，又随口吟了一首诗："手帕蘑菇与线香，本资民用反为殃。两袖清风朝天去，免得闾阎话短长。"他的朋友听了，无可奈何地摇摇头，送于谦走了。

到了京城，王振见于谦什么也没带，满脸的不高兴，但他知道于谦一向廉洁耿直，没敢说什么，可是却怀恨在心。

1449 年，北方蒙古族首领率瓦剌军向南进攻明朝，明军连遭失败，眼看就要攻进北京。这时，王振不怀好意地怂恿宋英宗御驾亲征，命令于谦在京城代理兵部尚书。京城一旦失守，于谦的罪名就大了，就可解除王振的心头之恨了。结果，宋英宗真的被敌人俘虏了，留在京城的大臣们纷纷主张向南迁移，逃离北京。就在这关键时刻，于谦挺身出来，对众大臣们说："要坚守北京，谁也不许逃离。"然后他就把大臣们都召集在一起，商议保护京城的有关事宜。在讨论国事的时候，许多人主张诛杀误国元凶王振，可王振的死党说什么也不同意，还不断为王振辩解，于是两派发生了争执，动起武来，王振的死党被打死了。朝廷因此一阵混乱。就在这时，于谦果断地站出来说："王振误国，其死党罪该万死，打死勿论。"骚乱的人群这才平息下来。于谦处理完朝廷里的事，就亲自到前线指挥战斗，终于击垮了蒙古军，保卫了北京城和明王朝。

由于于谦保卫北京有功，被誉为“救时宰相”。这时，有一个叫石亨的人，为了讨好于谦，向皇帝建议给于谦的儿子封官。于谦知道后，急忙跑到宫里，面见皇上，恳切地对皇上说：“国家多事，做臣子的不应只考虑自己的私利，皇上应封赏有军功的人。我绝不能让自己的儿子滥冒军功。”说完，又责备身边的石亨说：“身为大将，不举荐有功的人，反而单单举荐我儿子，能让大家服气吗？”

石亨遭到于谦的责备后，心里很不高兴，便总想找机会报复。不久，皇上得了重病，顾不上料理朝政了。石亨就纠集一些人发动政变，杀了皇上，诬陷于谦有“谋逆”之罪，判处死刑。清白一世的于谦就这样惨遭杀害了。

于谦被杀的第二天，仍有许多百姓冒着严寒到刑场去祭奠。一位鬓发斑白的老者拿着酒洒在刑场上，用他苍老的声音吟着于谦生前写过的一首诗《石灰吟》：“千锤万凿出深山，烈火焚烧若等闲。粉骨碎身浑不怕，要留清白在人间。”

这是在吟咏石灰虽经千锤百炼而终不改变它的洁白本色，而一个真正的廉洁之士就应像这石灰一样。

贫不改志的谢弘微

生当作人杰，死亦为鬼雄，至今思项羽，不肯过江东。

——李清照

谢弘微，东晋时孝武帝女婿谢混的侄儿。他一生中不移志、不贪财，因而受到人们的称赞。

东晋末年，谢混因参与反对刘裕的活动，而被迫自杀。为此，孝武帝命令其女儿晋陵公主回宫中居住，并让其女儿与谢家断绝婚姻关系。公主在离开谢家时，决定将全部家产委托给谢混的侄儿谢弘微管理。

谢弘微一下子接受了万贯家财，光是家中的奴仆就有几百人。对此，人们议论纷纷，都说谢弘微从此交了财运，有了这笔财产，几辈子也够吃够用了。

谢弘微却没这么想。在他接管了这笔财产后，并没有据为己有。他精心地管理着这笔家产，自己在生活上仍然如同以往一样节俭。平日里，从不乱花人家一个钱，即使花了一个钱、一尺布，也都一一记在帐上。

后来，刘裕当了皇帝，晋陵公主降为东乡君，只得离开皇宫，重新回到谢家。这时，谢弘微捧出几年多的帐目，一一请婶婶清点过目。婶婶看到家里管理得井井有条，帐目又一清二楚，感动得泪流满面。她提出要把一部分财产分给侄儿，但谢弘微坚持分文不收，婶婶从心底里感叹他真是个不移志、不贪财的好侄儿。

不久，婶婶病逝。乡里人认为，谢混没有儿子，两个女儿都已出嫁，她们尽可以把能搬动的东西拿走，而如住宅、田园等多少应留一些给谢弘微了。哪知，谢弘微仍然不要任何财产，反用自己的钱安葬了婶婶。

谢混的大女婿殷睿是个有名的赌徒。他听说谢弘微不争财产，便将谢混家剩下的全部家产用去还了赌债。对此，谢混的两个女儿因受到谢弘微行为的影响，并未计较。然而，乡里的一些正直的人对此有些看不过眼，有的还故意讽刺谢弘微说：

“你倒捞了个廉洁的好名声，可谢混家的财产全都扔进赌场了！你替别人管的什么家呀？”

谢弘微听了并不介意，只是解释说：

“以前人家托我管家，我管住了，以后这个家是她们姐妹的嘛。她们都不介意，我怎么能唆使她俩互相去争呢？再说，在亲戚之间争夺财产，是最无聊、最不道德的事。金银财产固然重要，但人的志向、品德更重要啊！”

谢弘微就是这样用自己的言和行表现出了他“视金钱如粪土，仁义值千金”的高贵品格。

李勉穷不贪财

舜何人也？予，何人也？有为者亦若是。

——《孟子》

唐朝时的李勉，小时候，家里很穷，父亲卖煎饼，母亲给人洗衣服。李勉白天帮助父亲看摊，晚上念书学习。李勉为人诚实、忠厚，街坊邻里都夸赞他。他的文章常常被老师拿来作示范。

长大后，他到京城参加科举考试。在仁升客店里，他认识了一个比自己大的读书人王义，两人脾气相投，十分谈得来。李勉和王义同住在一个房间，生活在一起，学习在一起。

一天，王义洗澡着了凉，晚上发高烧，说胡话。李勉侍候他，用湿毛巾给他擦脸降温，整整忙了一夜，王义的高烧还没有退。第二天，李勉请了医生给王义看病，医生说："王义得的是急性肺症，必须赶快医治……"

王义昏昏沉沉，滴水不沾。李勉既要买药，又要煎药，忙得不可开交，没空看书，可他毫无怨言。会试的时间快到了，可王义的病情不但不见好，反而愈来愈重。他含着眼泪对李勉说："贤弟，我已经快不行了，我的病拖累了你，耽误了你读书，实在对不起！"

李勉安慰他说："贤兄，你好好休息，小弟照顾你是应该的。至于会试，今年不行，以后再考也不迟！"

王义听到李勉说出肺腑之言，就紧紧地拉着他的手说："贤弟，我有一事想求你，我的包袱里有100两银子，如果我不行了，你就用它买副棺材，请人把我埋了，剩下的钱，就送给你用吧。"

李勉听到王义说这些话，心里很难过。他噙着眼泪说："王兄，你放心，我会想办法通知你弟弟的……"

第三天，王义死了。李勉买了一副棺材，请了几个脚夫，把王义埋了。在王义的坟上立了一块碑，上面写着王义的名字、籍贯和死亡的时间。

办完丧事，离会试还有3天。这几天，李勉累极了，他稍微休息了一下，便克服疲劳，坚持考完了会试。结果，皇榜一公布，李勉榜上有名，当上了县令。

他虽然当上了官，但王义的事，他始终没有忘记。他几次给王义的弟弟写信，但都没有回音。

转眼10年过去了，李勉已入朝做官。有一天，忽听家人传报，有一个姓王的汉子要找他。他立刻召见了那位汉子，一问，原来是王义的弟弟。李勉既高兴，又伤心，不知不觉地流下了眼泪。

王义弟弟说："恩人，你的信我都收到了，因家乡发大水，几次搬家，一直到今天才来找你，实在很抱歉……"

李勉把当时他哥哥怎样得病，怎样埋葬，一一向王义的弟弟讲了。最后说："你哥哥的银子，用去20两，剩下80两，我放在棺材里。现在你来了，我交还给你。"

接着，李勉带着他到城外荒地王义的坟墓前，叫人挖开坟墓，打开棺材，把那80两银子，原封不动还给了王义的弟弟。王义弟弟流着眼泪接过银子，说："大哥，听说你当时也很穷，为什么你不用这些银子呢？"

李勉意味深长地说："不是我自己的东西，我是绝对不要的！"

"埋金不受"的杜暹

> 质本洁来还洁去，不教污浊陷渠沟。
>
> ——曹雪芹

杜暹是唐朝时的监察御史。他不论是在地方做官，还是在朝中任职，都保持着廉洁正直，一身正气。

杜暹担任的监察御史，正是负责官员监察工作的。一次，新疆西北的安西地区，汉族官员与少数民族官员之间发生矛盾，于是朝廷派他前去调查。

杜暹日夜兼程，到达安西。他首先到少数民族官员那里了解情况。

少数民族的官员们，按他们的民族礼节，设宴隆重地款待杜暹。席间，他们拿出很多金子作为见面礼赠给杜暹说：

“大人不辞辛苦，远道而来，为我们主持公道，特备薄礼敬上，以表我们的心意。”

杜暹连忙站起身来，推辞说：“不可！本官是受朝廷之命，前来看望各位，并希望你们和汉族官员能重修前好，和睦相处，共同效命于国家。”

少数民族的官员们一片诚心，杜暹仍然推辞再三，双方出现僵局。见此情景，随从人员悄悄走到杜暹面前说：

“大人您来到这样边远地区，又担负着调解矛盾的责任，可不要冷落了他们。”杜暹不得已只好暂时收下了这些赠金。

夜深了，当地的官员们都各自散去。这时，杜暹叫人悄悄地把这些金子埋在自己所住的帐幕下面。

公务完毕，杜暹离开当地。在返程途中，当走到半路时，杜暹写了一份公文，派人送给少数民族的官员，告之那些金子埋在了帐幕下，请他们取出收回。

杜暹“埋金不受”这件事，给当地的少数民族和汉族官员留下了深刻的印象。后来，他们中的许多人还奏请朝廷，请求能派杜暹到安西那里去任职。

“二不公”范景文

人不可有傲气，但不可无傲骨。

——徐悲鸿

范景文，字梦章，吴桥（今河北吴桥县）人。明朝光宗、熹宗两朝中，他先后任文节郎中、河南巡抚、兵部尚书、东阁大学士等职。

范景文为官清廉，洁身自好，从不接受别人的请托或馈赠，不管是素不相识的新友，还是过往甚密的亲朋好友，凡是送与礼品，登门相求者，他都一一婉言谢绝。

一次，他的一位亲戚，想谋个一官半职，便备了一份厚礼，前去找他。范景文见亲戚来访，设家宴热情款待。席间，那位亲戚乘着酒兴，说明了自己的来意。范景文听了，忙一口回绝说：

“我身为朝廷命官，岂敢擅用权势，枉徇私情。”

说完，他又耐心地劝他走读书求仕的门路，临走时，那位亲戚又说：

“以后，倘有可能，还请你帮助举荐。”并拿出礼物，一定要范景文收下。

范景文推辞再三，说什么也不肯收。

那人又说：

“我们是亲戚，又不是外人，你何必如此……”

范景文把脸一板，生气地说：

“亲戚也不能收，你以后再来，就空手来，不许再像这样！”

不料，那位亲戚并不怕他吓唬，仍然坚持要把礼物留下，纠缠了好半天，范景文好不容易才让他把礼物带走了。

送走了亲戚，范景文自言自语道：“想不到拒礼竟然如此之难。”想来想去，他终于想出了一个办法，拿纸提笔写了六个大字，贴在大门上：

“不受嘱，不受馈！”

果然，以后再也没人敢登门送礼或求情办事了。人们也就把这种不受礼、不受嘱的品格，尊称他为“二不公”。

伯行舍官不舍廉

咬紧牙关，我就是我。

——冯玉祥

清朝康熙年间，有位巡抚叫张伯行。他一贯清正廉明，刚直不阿，对上敢于揭露位高权重的贪官污吏；对下勇于为民请命，解危扶困，历官近30年，两袖清风，一身正气。

有一年，张伯行正任江苏巡抚，在省里乡试其间，总督噶礼与考官沆瀣一气，收贿舞弊。发榜的时候，苏州城学子揭露出舞弊内幕，一时间满城风雨，考生们群情激愤，1000多人集会谴责，并将财神的塑像抬到文庙，放在明伦堂上，以此来讽刺和抗议这种黑暗丑恶的行为。

消息传到京城，康熙震怒，下旨责成户部尚书会同江苏总督噶礼和巡抚张伯行等共审此案。噶礼因为在这次乡试中索贿受贿达50万两之多，所以在审案中暗地作梗，一面贼喊捉贼，一面故意搅混水，制造麻烦，于是审查了一个多月仍毫无结果。后来张伯行根据各种线索，多方访查，终于弄清了内幕实情。他想：噶礼身为国家命官，不但不主持公道，反而贪赃枉法，营私舞弊，这样下去社会怎么能公正，国家怎么能昌盛呢。于是，张伯行不顾噶礼是自己的顶头上司，拼上身家性命，上书弹劾噶礼。

噶礼是个老赃官，长期以来索贿受贿，为了钱财什么事都干得出来。同时，他又是个阴险狡诈，心狠手毒的阴谋家。当初张伯行走马上任江苏巡抚时，有个朋友出于善意，劝他按时例给噶礼送上4000两银子，图个官运通达。张伯行早就对这种巴结上司的做法深恶痛绝，当场便拒绝说：“我为官，誓不取民一文，所以也没有银子馈赠上司。”噶礼见张伯行没像其他新官上任先给自己送银子，便大为不满，很长时间耿耿于怀。这次乡试舞弊案发后，审案班子里的诸名官员都好通融，睁只眼闭只眼地装糊涂。唯有张伯行拒不买账，而且秉公追查毫不马虎。噶礼想：好个张伯行，不除掉你，我早晚会被你揪住，不如先下手为强。于是，他买通了朝廷官吏，用重金买出了张伯行的奏疏，然后反咬一口，用编造好的故事诬陷张伯行受贿作弊。审案的官吏们惧怕噶礼的权势，明知此案有假，却附和沉默，没有一个人敢于挺身而出，伸张正义。因为案子越搞越复杂，扑朔迷离，真假难辨，康熙只好先将张伯行和噶礼一并解职，私下另派心腹破案。

张伯行被解职后，先被押到扬州，4 个月后又被押回苏州。押解途中，大批百姓扶老携幼前来慰问张伯行，有位老先生流着泪说：“公在任，只饮江南一杯水；今将去，无却子民一点心！”张伯行深感百姓们的一片真情，收下了一把青菜，一块豆腐。扬州的老百姓怕张伯行途中遭到坏人的暗算，数万人自动组织起来，在长江沿岸护送押解张伯行的船只。

大贪官噶礼仗着自己长年搜刮民脂民膏，金银珠宝堆积如山，派出大批心腹四处打点，贿赂审理此案的官吏，结果罪大恶极的噶礼逍遥法外，而正直清廉的张伯行反被革职查办。这个消息一传出，举国震惊，扬州、苏州的学子百姓纷纷上书朝廷，要求公审此案，揭露出真正的受贿舞弊者。

事情越闹越大，康熙也觉得事出有因，为了安抚众多学子，平定民心，他亲自审理此案，最后终于真相大白。不久，圣旨降下，民愤极大的狗赃官噶礼被革去一切职务，而张伯行受到表彰，官复原职。

喜讯传出，万众欢呼，江苏的学子和百姓家家门前都贴上了一张红幅，上面写着“天子圣明，还我天下第一清官”。

清正廉洁的人才能刚直不阿，虽然有时受坏人诬陷，吃冤枉，受迫害，甚至丢官舍命，但最终会得到历史的承认，因为人民和正义总是站在他们一边。

自尊自重

李离失职自刎颈

志士仁人，无求生以害仁，有杀身以成仁。

——《论语·卫灵公》

一次，李离接手一疑难案件，由于听信下官意见，把一个罪行并不致于处死的犯人处死，死者家属不服所判，李离亲自重新审理，发现自己量刑过重，接连几天寝食难安。于是，李离让下人绑起自己，自进牢房，亲自要求晋文公治罪。

当今社会像李离这样的法官能有多少？凡是有见过官司的人，便能感受个中滋味。不要说“寝食不安”，有的法官发现自己量刑有偏颇，犯人家属因不服上诉，他则跑上跑下，走关系，硬是要“不得翻案”，生怕影响个人前途及升迁，而不顾法律尊严。造成“上访人士”不断增多，这样的事屡见不鲜。不要说“判错”，有的执法者贪赃枉法，甚至暗地里放纵罪犯。否则，社会治安状况何以混乱，犯罪率何以有升无降！

作为一国之君的晋文公知其为人，便赦免李离的过错。

李离是怎样做的呢？是不是就此作罢？否。他再主动请求按律法治己罪，在当时错判死罪者要处以死罪，李离不愿走出牢房，还写了一份言辞恳切的报告，讲明道理，恳请晋文公治自己死罪。

像李离这样秉公执法的人在当今社会肯定有人说他是“中了魔”、“这么傻”，甚至持怀疑态度。然而这毕竟是史实，勿庸置疑的史实！

晋文公有偏私，爱卿心切。即令丞相说服李离放弃自罪，当丞相到狱中，李离已绝食两天。最后丞相虽劝其进食，但还是没能劝说李离放弃自罪，求死之心毫不动摇，立场坚定地捍卫法典尊严。

晋文公听说丞相劝说不成，便亲自出马。他到牢房紧紧抓住李离的手说：“本王命你掌管司法以来，社会安定，此晋国之幸，更为百姓之幸。你任重道远，出点差错在所难免，何必像处置下级一样自罚？”

李离义正词严：“国家之典律，理应共遵。‘王子犯法与平民同罪’，身居司法高职，怎能知法犯法？吾意已决，请大王发落。”

晋文公无言以对，只好作罢。

晋文公因爱卿心切而欲徇私实在令人心寒！一国之尊，竟蔑视国之典律，李离若就此作罢，晋国很快就社稷难安，鸡犬不宁。正因为李离看到这一层“利害关系”，宁可舍己命而求国之安。当今社会为官者能有多少在个人生命与国家利益两者中只能选其一时，选择国之利益？在个人利益与国家利益两者中只能选其一时，选择国之利益？有些为官者犯法，不但不自纠，反而一味掩盖，寻求保护伞，社会文明发展到今天的社会有多少为官者能像封建士大夫的李离？有些为官者更甚，为谋取私利故意知法犯法。

然而，这个故事尚未结束。我们再来看一看，李离在晋国老百姓心中的地位，看看群众的反响，由此亦可见其司法政绩。

无奈的晋文公只好顺从李离的自罚意愿。正当他犹豫地要下令的时候，宫门外聚集许多民众为李离请愿。

人们振臂高呼：“李大人清正廉洁，大王不可杀他！”“人非圣贤，孰能无过？”

晋文公把李离一味自罚的事诉之百姓，一位老百姓说：“让李离错判的受害人妻子出面，恳请李离不要自罪。”

晋文公有些为难：“人家刚刚死了丈夫，怎么愿意做这种事？”

这时，却见一女子拨开众人，上前说：“我愿随同往！”此人不是别人，正是受害人的妻子钟氏。钟氏走至李离面前劝慰说：“人死不能复生，您又何必过分自责，大人乃国之栋梁，只要为民请命，夫君在天之灵定会原谅的！”

李离一见钟氏，立即跪倒在地，并非谢恩，却说：“我李离知法又怎能违法，你回去吧！”

钟氏告慰全城百姓都跪于监狱外，等待李大人走出监牢。

李离听了此话，犹豫一下，走了出去。只见监牢前跪满民众，烈日当空，人们汗如雨滴。

此时晋文公以为李离放弃自罚，不禁放下心笑道：“看来寡人的脸面不如一名村妇！”

只见李离对百姓们说：“各位乡亲，快请起。”

跪地的百姓却一动不动，其中有一人说：“大人若不答应放弃自罚，我们则跪地不起。”

由此可见，李离的政绩及其在百姓心目中的位置，官僚们原谅他，连受害者家属都要自动撤诉、原谅他，全城百姓也原谅他，生还应理所当然，绝无人非议，没人欲治罪与他。然而，李离是怎样做的呢？

李离答应大家说：“我扪心自问，并无大功，却得大家如此厚爱，倍感不安。然一旦执法不严，执法者违法，则典律何以服人？”

正说间，他迅速从一侍卫腰间拔出宝剑，架在自己颈项：“我深受国王之恩典，感谢各位乡亲之情，然我无以为报，既大王不肯批复，我唯有自刎以儆效尤。”

宝剑“咣当”落地，李离应声倒下。晋文公及民众抚尸失声痛哭。

叔向断案不隐亲

执法而不求情，尽心而不求名。

——苏洵

春秋时期，在各国诸侯以及公室与私门的纷争中，有一位饱学多智、与世无争的淡泊者。他认为："优哉游哉，聊以卒岁，智也。"但他的淡泊却又不是毫无原则地随波逐流，为了法律的尊严，他不徇己私、不庇己亲，正确处理情与法的关系，可称为执法者的楷模。他就是羊舌叔向。

叔向（生卒年不详），春秋时晋国大夫。羊舌氏、字叔向，又字叔誉。晋平公元年（前557）被任为太傅。

晋昭公四年（前528），晋国大夫楚人申公巫臣之子邢侯与雍子因畜（今河南温县）附近田界发生纠纷。原来，20年前，晋平公在位时，楚人雍子受到父兄的谮毁，逃奔晋国避难，晋国国王十分倚重他，特将邢侯采邑中的畜地中的一部分赐给他。因此形成雍子与邢侯的田界相互毗邻，并且犬牙交错的复杂情况。天长日久，田界渐渐模糊不清，两家为争田界屡起纠纷，为此找到大理打官司。但历时甚久，也没有调解成功。

恰好理官士景伯出使楚国，由叔向的弟弟叔鱼摄代士景伯之任。秉持国政的韩宣子命叔鱼了断这桩拖延日久的旧案。

叔鱼接手此案后，详勘地界，认为此案"罪在雍子"。心虚的雍子听到这一风声后，深知叔鱼素来"渎货无厌"，贪求财色不择手段、不顾后果，赶紧投其所好地将自己的一个女儿嫁给叔鱼为妾，以求为己掩饰。贪财好色的叔鱼受贿后，立刻转而判处邢侯有罪。邢侯听到此颠倒黑白的判决，不禁勃然大怒，直接冲上朝堂与之论理。争吵中，怒不可遏的邢侯竟将雍子、叔鱼当堂杀死了。

韩宣子觉得此案很棘手，就将叔向找来，向他求教应怎样处理这件案子。叔向面对胞弟的尸体，并没有有所顾忌，或设法为胞弟开脱罪责，而是当即干净利落地回答道：这3个人所犯的罪过程度是相同的，按律应当将活着的处死，将已死的陈尸示众。接着他向韩宣子具体分析了每个人的罪行：雍子明知有罪，却以女嫁于叔鱼，这是用行贿方式来购买胜诉；叔鱼身为司法官员，不仅受贿，而且不以情理判曲直，实已触犯卖狱大忌；邢侯未经批准而专擅杀人，这3个人所犯的罪过性质的严重、恶劣程度是一样的。由此，叔向得出结论："自己有罪而去掠取美名，这就叫昏；贪污受贿以致于败坏职守，这叫做墨；肆无忌惮地擅自杀人，就叫做贼。《夏书》上记载，犯了昏、墨、贼3种罪行都必须处以死刑，这是皋陶制定的刑法，请据此去判处他们吧！"

韩宣子听了如此责有所归、罪有所得、有理有据的回答，心膺折服。于是宣布3人罪状，将邢侯处死，而将雍子、叔鱼2人的尸体在街市示众，以儆效尤。孔子听说此事后，对叔向所为大加赞赏，他认为制邢亦治国之人事，叔向审治邢侯之狱，指斥叔鱼之贪，以正邢书，而于其亲不包庇隐蔽，高度赞誉了叔向的刚直有古人遗风！

子文不护族亲

君子可招而不可诱，可弃而不可诱。

——王通

子文是春秋时楚国的令尹，他办事公道，执法严明，正直无私。

一次，掌管刑狱的廷理逮捕了一名犯人，审讯中，那犯人如实地招了供，最后，又战战兢兢地乞求说："小人做下此孽，实属罪有应得，无论如何处治，我都绝无怨言；只是恳请大人，千万不要将我的事告于令尹知道。"

廷理听了，感到很奇怪，大声喝道："大胆！你小小一个囚犯，也敢提及令尹大人？"

"大人容禀，因为令尹大人和小人是族亲，他平时素来对我们就管得很严，这会儿要是听说小人犯罪，岂不是要动怒么？倘若气坏了身子，小人我怎么担待得起，所以……"

"此话当真？"廷理对那犯人的话有些将信将疑。

"没有半句假话。"那犯人说。

听到这儿，廷理心想：此人既是令尹大人的族亲，我如何惹他得起，倒不如送个人情了事。想到这里，便对那人说："这次看在令尹大人的面子上，且饶了你，以后你倘若再敢造次，那可就难办啦！"说着，便打开刑具把他放了。

那人连忙叩头谢恩，随后，连滚带爬地出了府衙。

不久，子文知道了这件事，立即派人把廷理召来。廷理满以为子文会好好地谢他，便喜滋滋地来了。

子文见廷理来了，瞥了他一眼，问道："听说我的一个族人的案子是你审理的？"

廷理连忙答道："是的，大人。不过，我已将他放了。"

"你不是将他逮捕了吗，怎么又放了呢？"子文故作不解地问。

廷理表现出一副十分内疚的样子，毕恭毕敬地回答子文说："原先下官不知道他和您的关系，所以多有冒犯，请大人海涵。"

子文听到这儿，十分生气地责备道："你真糊涂啊！国家设置廷理这个职位，就是为着处治违法犯罪的人。一个正直的廷理就应当秉公办案，执法如山；可你却违背法律，屈服于权势，无端地宽容了犯罪之徒，这是天理难容的事啊！"接着又说："那个人明明犯了法，就因为我的关系，就放了他，这不等于是在告诉天下的老百姓，我子文是一个徇私枉法的人吗？”

子文义正辞严的一番话，说得廷理哑口无言。随后，子文又立即派人把那个犯法的族人抓了来，亲自交给了廷理，廷理依法处治了他。

这件事，很快在楚国的老百姓中传开了，大家都夸赞子文办事无私，执法公平，严于律己。

魏惠王纳谏改过

> 士可杀而不可辱。
>
> ——《礼记》

战国时，魏国曾威风一时，齐、秦、赵、韩等都不敢小看它。但是，传位到惠王时，连连打败仗，惠王宠信的上将军庞涓也在战斗中被齐国的孙膑采用伏击战射死。魏国国势日渐衰弱，一片片国土被人家夺去。这时，惠王才想。怎样才能重振国威，振兴魏国呢？

魏惠王请来大臣们商议，让大家提办法。

一位大臣站出来说：

“依我看，要使魏国强盛起来，不受人家的欺侮，首先是大王要识人才，任用良才。”

“我任用了你们这批大臣，这不是任用贤才吗？”惠王心里不解，反问说。这位大臣接着说：“当初商鞅在我们魏国做官，大家劝您重用他，可您就是不听，结果商鞅被秦国请去了。在秦国，商鞅受到重用，推行商鞅变法，结果秦国强大了起来。再说孙膑，他本是个军事奇才，大王您又听信了庞涓的谗言，把他的脚给打断了一只，到头来孙膑去了齐国。后来他坐在战车上，指挥齐国大军来攻打我们。这是多么大的教训啊！”

惠王听了这一番话，十分羞愧地说：

“我知道这都是我的过错。魏国今日落到这种地步，都是由于我贤愚不分所造成的。从今后，我要痛改前非，礼贤下士，广纳天下人才。请各位多多举荐。”

惠王知过改过的消息传开后，许多贤士都来投奔魏国。像邹衍、孟轲等到魏国后都对惠王提了不少治国安邦的建议。

又有一次，惠王听大臣们议论说齐国的淳于髡知识渊博，很有才干。惠王希望把他请来。大臣们想了许多办法，终于把淳于髡请了来。

惠王见把淳于髡请了来，心里非常高兴，亲自设宴招待他。可在席间，淳于髡只顾低头吃菜，只是不时侧耳听听惠王和大臣们谈话，自己却显得若无其事，什么话也不说。惠王有意挑起话题问他时，他也只是支支吾吾应付一下。

惠王对此非常生气，宴后召集群臣训斥了一顿：

“你们说他有才能，我看他像个木头人！”

有位大臣急忙说：

“大王不可凭最初印象取人，可别忘记过去对商鞅、孙膑的态度啊！”

“对！对！寡人险些又犯老毛病了。晚上，你们去探听一下，究竟他对我有什么不满意的地方，回来告诉我。”

第二天，去找淳于髡闲谈的人回来报告说：

“他过去求见过您两次，您都不理睬他。这次他不知道您是否真有诚意，所以才有这种态度。”

惠王想了好半天，说：

“没有呀！我没有接见过他呀！”

旁边一位大臣提醒说。

“投奔大王的人很多，也许大王忘记了呢。”

惠王于是召来记事官，请他查一查。果然，淳于髡曾两次来见过惠王。那时惠王因忙于接受别人的礼品，没有去理睬当时名气很小的淳于髡。

惠王把淳于髡请来，拱手行礼，谦恭地说：

“寡人曾两次失敬于先生，这是寡人的过错。那两次正是寡人接受别人献马、献乐工，说明寡人那时是重声色享乐，轻安邦治国。现在想起来，真是惭愧，请先生能予原谅！”

淳于髡看惠王勇于改过，态度也十分诚恳，于是与惠王倾心地交谈了起来。

曹操割发自罚

人必其自觉也，然后人爱诸；人必其自敬也，然后人敬诸。

——扬雄《法言·君子》

东汉末年，曹操把汉献帝迎到许昌，自己当了总理军国大事的丞相。他为了平灭拥兵自重的各路军阀，把混乱的中国统一起来，常常亲自领兵东征西讨。

建安三年（公元198年）夏四月，曹操又自统大军出征。他在路上看见已经成熟的小麦长势很好，田野里到处是金灿灿的一片，心里十分高兴。但是他又看到，因为兵连祸结，老百姓逃避在外，麦田里很少有割麦的人。

为了保护已经成熟的小麦，曹操传令全军：“现在小麦已经到了收割季节，全军将士无论是谁都不许践踏麦田，损坏庄稼。违令者一律处以死刑。”同时，他又派人遍告沿途父老，请人家不要惊疑，要抓紧时间把小麦收割回去。众百姓听了无不欢喜称颂。

曹操率领的军队在浩浩荡荡地前进，突然有个小校骑的马儿把头一歪，就势啃了一口路旁地里的小麦，军法官立即把小校问了斩刑。此后，大家在行军中每逢遇到麦田，都跳下马来以手扶麦，有的人甚至笼住马头，小心翼翼地走路。谁也不敢糟踏庄稼。

有一天，曹操骑马正行。忽地一群斑鸠从路旁的树丛中惊起，“吱哇吱哇”地叫着从曹操的坐骑前一掠而过。那马眼生，受惊后狂奔起来，窜进了一块麦田，踏坏了一片小麦。

当众人把马拦住后，曹操立即把军法官叫来，很认真地说：“我不小心让马受了惊吓，把老百姓的麦子踏坏了。我已经犯了军法，请你治罪吧。”说完，就从马上跳了下来。

军法官说：“您贵为丞相，怎么能治您的罪呢？况且，马践踏麦田是因为惊吓所致，又不是故意的。”

曹操听了，很生气地说：“军法是我制定的，是我宣布的。现在我违犯了军法，不加惩处，如何服众？你不肯治我的罪，我就自刎吧！”

曹操说完，拔出宝剑就要自刎而死。旁边的人手急眼快，赶忙夺下宝剑，全都跪在地上苦苦哀求：“您重任在身，许多事情都等着您去办。怎么能够如此轻生呢？您如果死了，让谁带领我们去打胜仗呢？”

曹操沉吟良久，才叹了口气说：“你们讲的也有道理。不过我犯了军法，也不能不受惩罚呀！”

说完，他就从旁边的人手中夺过宝剑，“唰”地一声，用宝剑割下自己的一束头发，掷在地上。然后说：“就让我以发代首，割发代罚吧！”

接着，曹操让人把他的头发放在一个小匣子里，传示三军，并宣布说：“丞相犯法，本当斩首，今从众将之请，割发代罚。”

全军将士看到丞相如此带头守法，既感动又佩服。于是，军中便没有人再敢违犯军法，军队的纪律更加严明了。

诸葛亮请求降职

求必欲得，禁必欲止，令必欲行。

——管子

三国时，蜀军中有个参军叫马谡，喜欢自吹自擂。刘备在临终前曾对丞相诸葛亮说："马谡言过其实，不可大用。"

可是，诸葛亮对此并没有引起足够的重视。他还认为马谡不仅擅长辞令，而且还很有才气，常与他海阔天空地彻夜长谈。

建兴六年春，诸葛亮挥师北伐曹魏，向祁山进军。蜀军军容整齐，赏罚严肃且号令分明。天水、南安、定安 3 个郡县相继叛魏，响应蜀军，在关中引起巨大震动。

为此，魏明帝曹寄睿又坐镇长安，派部将张郃率 5000 人马救天水、抗蜀军，并派曹植驻扎城中，随时准备会师。诸葛亮闻讯后，料定张郃必定要抢夺街亭这个交通要道。于是，诸葛亮问："谁敢领兵去守街亭？""末将愿往！"马谡盛气凌人，当下即立了军令状。

诸葛亮命他为先锋，拨 25000 精兵归他统帅，又派了王平作为他的辅佐，共守街亭。临行前，诸葛亮一再嘱咐马谡，要他提高警惕。同时还建议：最好多架些栅栏，多设置些障碍，只要牢牢地守住就行了。

到了街亭，马谡没有把诸葛亮的话放在心上。王平主张在马路总口下寨。马谡却自以为是，不听王平劝阻，执意要把蜀军分兵两路，在山上安营扎寨。结果，魏军来到马谡守军的山下，切断水源，阻绝所有下山的道路，接着又命弓箭手向山上放箭，蜀军无法冲下山来，都惊慌起来，纷纷丢掉武器，四下逃窜，致使街亭失守。刚刚夺取的天水、南安、定安三郡全部丢失，重归曹魏，诸葛亮北伐，第一次进攻祁山宣告失败。

回到汉中，诸葛亮见到逃回的马谡，心中后悔不已，连声叹道：“都怪我固执己见，当初不听先主的劝告，才至于此，这完全是我的罪过啊！”

于是，他立即传令，将违反军令、严重失职的马谡斩首。接着，又向后主刘禅上书道：“丢失街亭，虽然马谡有责任，但实属卑职用人不当造成的。为此，臣请求给自己贬职三级。”

贤相宋璟

> 知人者智，自知者明。
>
> ——老聃《老子》

宋璟是河北邢台南和县阎里乡宋台人，博学多才，擅长文学，为人刚正不阿。考中进士后，经武则天、唐中宗、唐睿宗、唐玄宗四朝，做官52年，为振兴大唐励精图治，终于与姚崇同心协力，把一个充满内忧外患的唐帝国改变为政治、经济、文化、军事处于世界领先地位的大唐帝国，为开创“开元盛世”立下了汗马功劳。

武则天当政时，宋璟担任左御史台中丞。因他为人耿直，深受武则天器重。

当时，张易之、张昌宗两兄弟恃宠而骄，竟不知天高地厚，滋生了野心。武则天长安四年（704）秋天，许州人杨元嗣举报说：“张昌宗曾让术士李孔泰相面，李孔泰声言张昌宗有天子相，并唆使他在定州建造佛寺，说是能让天下归心。”于是，武则天下诏，令宋璟与其他两位大臣共同审理此案。宋璟要依法对二张予以严惩，因二张是武则天的男宠，武则天舍不得杀他们，便袒护说："二张已经跟我说清楚了，不要再追究了。"宋璟不从，上奏说："天无私覆，地无私载。二张在事情败露后还为自己辩解，情在难恕。况且谋反大罪不容宽免，请交由御史台审理，以正国法。臣也知道言出祸随，但义愤在心，虽死不恨。"武则天听了十分生气，但当着群臣的面，她还是将二张送御史台审讯了。

宋璩正要将二张判斩，武则天竟下旨将二张赦免了。为了堵住宋璟的嘴，武则天让二张到宋璟府上谢罪，宋璟拒而不见。

有一天，宋璟与二张一同在宫中侍宴。当时，二张已经被武则天定为三品大臣，宋璟只不过是个六品官。按照国家礼仪，宋璟只能坐在下座。张易之为了讨好宋璟，谄媚地对宋璟说："公乃天下第一人，怎能坐在下座呢？"宋璟软中带硬地回答说："我才低官小，张卿为什么这么说呢？"

有一次，张易之要陷害御史大夫魏元忠，武则天让大臣张说作证，说魏元忠有谋反言论。张易之是武则天的宠臣，张说怕得罪他，但要违心地诬蔑魏元忠也感到心里不安。在将要上朝的时候，张说十分恐惧，怕说了实话会引来杀身之祸。宋璟劝他说："做人要坚持正义，不要苟且偷生、阿附邪恶、陷害忠良！如果因为直言触犯了权贵而被贬官，我一定会为你呼救，至少会和你一起死。那样，我们会千古流芳的。你就放心大胆地伸张正义吧！"他的一番肺腑之言使张说深受感动，于是在朝上据实以对，从而保护了无辜之人。

二张是武后的宠臣，当时一般大臣纷纷讨好他们，而宋璟却对他们深恶痛绝，从不假以辞色。在武则天授意下，二张多次想与宋璟搞好关系，都自讨没趣，便对宋璟起了杀机。他们商量后，决定等宋璟去外地时趁机弹劾他。没想到武则天三次让宋璟去外地，宋璟都以不合法制而拒绝了。武则天见他说得有理有据，也不好为难他。二张不得已，又买了杀手直接行刺，被宋璟机智地躲了过去。

宋璟为人刚毅，只要有理，便天不怕地不怕。唐中宗时，武三思与韦皇后偷情，在朝中呼风唤雨。宋璟喝斥他说："太后已让儿子复位，你应该回家过你的好日子去了，怎么还出来干预朝政，你不知道汉朝吕氏一家因独揽朝中大权而被灭族的故事吗？”

后来，终于有个大胆的叫韦月将的人控告武三思与韦皇后私通。武三思十分恼怒，皇帝也觉得没有面子，下令杀掉韦月将。宋璟据理力争说：“陛下，这事需要仔细审查，不能随便杀人。如果陛下一定要杀掉告状的人，就请先杀掉我吧。否则，我决不执行命令。”皇帝没有办法，只好把告状的人流放到岭南。

因为得罪了武三思，宋璟受到排挤，被贬到贝州去担任刺史。即使如此，他刚正不阿的个性也未改变。

这年，贝州洪水泛滥，武三思照旧逼租，宋璟为百姓抗捐赈灾，再次被贬。

唐睿宗时，宋璟针对贵戚擅权、任人唯亲、大搞裙带关系的恶习，提出了任人唯贤的主张，并不顾太平公主等人的反对，罢去无德无才的官员数千人，因此又得罪了太平公主。当时，宋璟已担任宰相，太平公主想学武则天独揽大权，便鼓动宋璟改立太子，被宋璟严词拒绝，他说：“太子是宗庙和社稷的主人，本身又有大功，怎能废掉他呢？”

宋璟看不惯太平公主干预朝政的行为，便联合另一位宰相姚崇一起向唐睿宗上书，请求把太平公主赶出朝廷，唐睿宗不肯采纳。太平公主利用这次机会，借口宋璟失礼，把他贬到了偏远的楚州。

宋璟疾恶如仇，却爱民如子。朝野赞誉他为“有脚阳春”，也就是有脚的春天。宋璟走到哪里都像春天一样，让人倍感温暖。据说广州人会建造砖木结构的房屋，就是宋璟教他们的。

唐玄宗即位后，又将宋璟召回京城，让他做了宰相。唐玄宗开元七年（720）冬天，一大批候选官员云集京城，听候选拔。唐玄宗想趁此机会，通过墨敕把他的妻舅岐山县令王仁琛升为五品官，好到朝中任职。墨敕即不通过吏部正常考核而由皇帝亲自颁下的敕书。这实际上是利用皇帝特权照顾皇亲。宋璟听说后，极力反对。他上奏说：“朝廷用人应该公正无私，要任人唯贤，不能任人唯亲。对那些皇亲国戚可以适当照顾，但不能无止境地照顾。王仁琛担任岐山县令就已经是照顾他了，如果再提升，就说不过去了。如果陛下一定要提拔他，是不符合任人唯贤的原则的，朝野也会议论此事。希望陛下把这件事交给吏部，对他进行公开考核，然后根据考核的结果，决定提拔与否。”唐玄宗认为宋璟出于公心，说得合情合理，就采纳他的意见，收回提拔王仁琛的墨敕。

与此同时，宁王李宪也向唐玄宗上书，请给他的亲戚候选官员薛嗣安排一个官职。宋璟坚决不同意，他上奏说：“安排和提拔官员要通过吏部考核，根据其功劳和才干安排合适的官职，这是国家定法，谁也不能无视之。选拔官吏应公平合理，不可徇私。宁王所奏薛嗣一事，决不可行。”唐玄宗见宋璟说得有理，就不再管宁王的事了。

这年冬天，宋璟的堂叔宋元超作为一名候选官员，也来到京城。宋元超一到京城，就到处说他是当朝宰相宋璟的叔父。宋元超想：“自己的侄子是当朝宰相，又主管选拔官员的吏部，朝中有人好做官，我谋个一官半职是十拿九稳的。”宋璟听说后，给吏部写了封信，表明自己的态度：“宋元超的确是我的叔父，但不能因为他是我的叔父而照顾他。如果他不挑明是我的叔父，尚可按规定参加吏部考核。他既然说出是我叔父，一定是企图走我的后门，通过不正当的手段做官。这不合乎做官必备的德才兼备的‘德’字，请取消他的候选资格，以示惩罚！”宋元超弄巧成拙，自讨没趣，只得快快而归。

一次唐玄宗出巡，路过河南时因为道路狭窄，车马拥挤在一起，发生了堵塞现象。唐玄宗勃然大怒，要下令罢免当地几个官员。宋璟忙上前对唐玄宗说：“陛下年纪还很轻，现在就因小罪严惩地方官，会带来不良影响的。”唐玄宗听了，猛然醒悟，不再追究这件事了。宋璟又对唐玄宗说：“陛下因为生气责备了他们，又因为我的几句话而免了他们的罪，他们肯定会对陛下不满，而认为我是好人。因此，不如现在先让他们等候朝廷处理，然后再由陛下降旨赦免他们，他们就会感激皇上了。”唐玄宗一听这话，深受感动，这才知道宋璟平时虽然过于刚正，但完全是出于公心，于是更器重宋璟了。

宋璟为人虽然刚正，但却不伤及无辜。当时有个叫权梁的人想要造反，造反前为了筹备武器，借口在家里举行婚礼，向很多人借了银子。后来，权梁事发被捕，那些借给他银子的人都被牵连了。宋璟分析了事情的来龙去脉，放了数百名被冤枉的人。

后来，唐玄宗去泰山封禅，把宋璟留在京城坐镇，还让宋璟给自己提一些建议，宋璟马上直言不讳地写了一大篇。唐玄宗看了，赞叹地说："知无不言，句句都是座右铭啊！"

为防奸佞小人私下在皇帝耳边进谗言，宋璟提出百官奏事时，必定要有谏官和史官在旁的规定。宋璟敢言人所不敢言，再一次表现出他刚正不阿的性格。

后来，宋璟因为压制犯法官员申诉，并严禁黑钱流通，得罪了不少权贵而被罢相，直到9年后才再度被拜为尚书右丞相。

坚持原则的张说

> 以礼义为交际之道，以廉耻为律己之法。
>
> ——（宋）李邦献

张说（667～730），唐代文学家、诗人、政治家，字道济，一字说之。原籍范阳（今河北涿县），世居河东（今山西永济），徙家洛阳。

唐代武则天时期，宰相狄仁杰死了以后，魏元忠当了宰相。那时候，武则天宠幸两个官员，叫张昌宗、张易之。这两个人权势大得不得了，满朝文武官员见到两张，都让他们三分。可是，宰相魏元忠就不把他们放在眼里。

魏元忠是个有名的硬汉，在周兴、来俊臣得势的时候，他三次被诬陷遭到流放，有一次差点被处死。但是他始终没有屈服过。后来他担任洛州刺史的时候，张易之的仆人在洛阳大街上仗势闹事，欺压百姓。洛阳官员因为闹事的是张府里的人，不敢奈何他。这件事传到魏元忠那里，魏元忠把那个仆人抓了起来，一顿板子打死了。

魏元忠做了宰相后，武则天想把张易之的弟弟张昌期任命为长史，一些大臣迎合武则天的意思，都称赞张昌期能干。魏元忠却说张昌期年青不懂事，干不了这样的大事。这件事就只好搁了下来。为了这些事，张昌宗、张易之两人把魏元忠恨得要死，千方百计想把魏元忠除掉。他们在太后面前诬告魏元忠，说魏元忠在背后议论：太后老了，不如跟太子靠得住。

武则天一听就火了，把魏元忠打进了牢监，准备亲自审讯，并且要张昌宗他们两人当面揭发。

张昌宗恐怕辩不过魏元忠，就偷偷地去找魏元忠的部下官员张说，要张说作伪证，并且说，只要张说答应，将来就提拔他。

第二天，武则天上朝，召集太子和宰相，让张昌宗和魏元忠当面对质。魏元忠说什么也不承认有这回事。两人争论了半天，没有结果。张昌宗说："张说亲耳听到魏元忠说过这些话，可以找他来作证。"

武则天立刻传令张说进宫。跟张说一起的官员听说他要上朝作证，知道发生了什么事，一个官员宋璟对张说说："一个人的名誉是最可贵的。千万不要为了保全自己，去附和奸臣，陷害好人啊！为这个得罪了朝廷，被流放出去，脸上也光彩。"史官刘知几也在旁边提醒张说说："不要玷污你的历史，连累后代子孙啊！"张说明知魏元忠冤枉，但是又害怕两张的权势，思想斗争得挺厉害，头上直冒汗，听了宋璟他们的一番话，才觉得胆子壮了些。张说进了朝堂。武则天问他说："你听到魏元忠诽谤朝廷的话了吗？"魏元忠一见张说进来，就高声叫起来说："张说，你想跟张昌宗一起诬陷人吗？"张说回过头来哼了一声说："魏公枉做宰相，竟说出这种不懂道理的话来。"张昌宗一看张说的话不对头，就在旁边催促他，说："你别去管他，快来作证。"张说向武则天说："陛下请看，在陛下面前，他还这样胁迫我，可以想象他在宫外是怎样作威作福了。现在我不能不实说，我确实没听魏元忠说过反对陛下的话，只是张昌宗逼我做伪证罢了。"张昌宗一见张说变了卦，气急败坏地叫了起来："张说这小子是魏元忠的同谋犯。"武则天是个聪明人，听了张说的答话，知道魏元忠的确冤枉，但是她又不愿让张昌宗他们下不了台阶，就骂张说说："你真是反复无常的小人。"说着，就命令侍从把张说抓起来。以后，武则天又派人审讯张说。张说横下一条心，咬定他没有听到魏元忠说过谋反的话。

武则天没有抓到魏元忠谋反的证据，但是还是撤了魏元忠宰相职务，又把张说判了流放罪。

公元705年，武则天病重，她的侄儿武三思和张昌宗、张易之勾结起来，把持政权。宰相张柬之和一些官员趁武则天病重，夺取禁卫军军权，把两张逮捕起来杀了，迎接唐中宗复位。不久，那个显赫一时的女皇帝武则天病死了。

唐太宗下"罪己诏"

> 仰不愧于天，俯不怍于人。
>
> ——孟子

唐太宗李世民是唐高祖李渊的次子。隋朝末年，李世民随父李渊起兵灭隋，建立唐王朝。李世民封为秦王，任尚书令。公元626年，李世民发动"玄武门之变"，杀死太子李建成、齐王李元吉，被立为太子。不久，唐高祖李渊让位，称太祖，李世民继皇位，称为唐太宗。

唐太宗不仅善于纳谏，精于用人，而且他能比较自觉地以国家法律约束自己，一旦发觉自己的做法违背了法律还能认真进行检讨。

一次，有个叫党仁弘的大将做广州都督时，贪污了上百万的钱财。这件事被人告发后，主管司法的大理寺将他依法判成死刑。可是唐太宗以往很器重党仁弘，认为他是个非常难得的人才，舍不得杀他。于是便下了一道圣旨，取消了大理寺的判决，改成撤销职务流放边疆的处分。处理之后，唐太宗心里很不安，感到自己出于个人感情，置国家法律于不顾，做得很不应该。于是他把大臣召到金殿上，心情沉痛地向大家检讨说："法律是皇帝按照上天的旨意批准制定的，皇帝应该带头执行，而不能因为私念，不守法律，失信于民。我因私念袒护党仁弘，赦免了他的死罪，实在是以私心乱国法啊！"

有些大臣正想宽慰唐太宗几句，但唐太宗说完以后却当场宣布，为了这件事，他将亲自到京城的南郊去，住草房，吃素食，向上天谢罪3日。

这一下，满朝的大臣都吃惊了，感到唐太宗为这点事，竟然要这样做，太过分了，于是便纷纷跪下劝阻。丞相房玄龄对唐太宗说："皇帝是一国之主，生杀大权是皇帝掌握的，陛下何必把这件事看得这样重，内疚自贬到这种程度呢？"

唐太宗并没有因为大家的劝说、宽慰而原谅自己。他自责地说："正因为皇帝是掌握生杀大权的，才更应该慎重认真，严格地按照国家法律办事呀。而我却没有听从大理寺依法判决的正确意见，反而不顾法律，一意孤行，这叫我怎么能原谅自己呢？"

天快黑了，唐太宗见大家一直跪在地上阻拦，硬是不让他去郊外，便感慨万分地说："你们不要跪在地上了，快起来吧。我决定暂时不到郊外向上天谢罪了。但是，一定要下诏书，把自己的罪过公布于天下！"说着就毅然拿起笔来，写了一道"罪己诏"。唐太宗在"罪己诏"中检讨说："我在处理党仁弘之事上，有三大过错：一是知人不明，错用了党仁弘；二是以私乱法，包庇了党仁弘；三是赏罚不明，处理得不公正。"唐太宗向大臣们宣读之后，立即下令，将他的"罪己诏"向全国的臣民公布。

戚景通严律己过

要人敬者，必先自敬。

——陶行知

戚景通是明朝的一名武将，诚实而且廉洁，办事雷厉风行，很得人们的称赞。一次，他推荐一名武士担任官职，事后，这位武士带着100两银子，向他表示谢意，他非常生气，说："我是为国家推荐贤才，没想到你拿银子相谢，这可是俗人的举动，难道我看错了人不成?"那武士十分惭愧。

朝廷信任戚景通，派他担任"江南运粮把总"，负责监督江南各地的运河口岸，将国家征收到的税粮装船，然后运向北京国库"太仓"。一天，一位官员带上一包银子到戚将军府上，说："把总，这是您应得的'羡余'，请清点查收!"

原来，当时有这样的规定：官府在征收税粮时，还要征收一种附加税，来支付运粮时的劳务费用，叫"加耗"；加耗如果用不完，可以分给各级官吏作补助费，叫"羡余"。

戚景通拒绝收这笔羡余，说："我是朝廷任命的江南运粮把总，收'羡余'就容易发展成侵吞公粮公款！这钱我不能收!"

当一批税粮已经装船待运的时候，有一名属员来报告："这批税粮的总数，和帐簿上的数目对不上，怎么办?"戚景通很着急，问："总数差多少?"属员说："粮食已经装船，打上封条了，具体数目说不清。"

戚景通说："打上封条就不好卸下来重新计算了，但是这件事一定要查清。"他想了想，告诉属员："你带上帐本，随船去北京，卸货进国库前，再作一次核对。”属员说：“把总，那可不好，那不就在上司面前暴露我们的过失了吗？”

戚景通说：“我自任职以来，一心一意为国家做事，从来不敢推诿自己的过失。现在真的出事了，我宁可随时接受处分，也不能欺骗别人，欺骗自己！”

一直在旁商议事情的张千户想出了一个主意，说：“把总，让我带上几百两银子，随船去京，卸粮时，发现税粮短缺多少，立即用银子交齐，就可以不承担责任了。”

戚景通笑了笑，说：“我为了诚实对待公家，不惜承认自己的过失，接受处分，怎么可以用这种方法文过饰非欺骗他人呢？”

满载税粮的船队，从江南启航了，几个月后，在北京卸货运入国库时，对着帐簿核对，果然发现有短缺，戚景通受到了降职处分。后来弄清了原因，不是他的责任，又官复原职。戚景通虽然一时受了委屈，但他襟怀坦白，严律己过的精神，一直受人称赞，并且深深地影响了他的儿子戚继光。

燕昭王以信招才

诚者，天之道也；思诚者，人之道也。

——孟子

燕国是中原诸侯国中最北边的一个国家。燕昭王继任时，燕国已被子之糟蹋得残破不堪。国都蓟几乎成了一片废墟。他决心改革政治，加强军事，发展生产，使燕国强盛起来。燕昭王深知：要强盛没有各方面的人才是不行的。于是他就亲自到各地去访求贤才，对有专长的人都去登门求教，只要他们愿意，就聘请他们来朝廷做事。

有一位名叫郭隗的人，很有见识。他在子之作乱时，不肯与这个野心家合作，隐居深山。燕昭王听说后，亲自到深山里去登门求教。燕昭王对郭隗说："齐国趁我国内乱之际，侵占了我们燕国十几座城池。我们燕国被糟蹋得田园荒芜，民生凋敝，至今还恢复不过来，令人十分痛心。因此，我诚恳地请求各方面的人士来帮助燕国，使国家迅速强盛起来。如何起步，今天特向先生求教。"

郭隗见燕王有复兴燕国之志，为人又谦虚宽和，礼贤下士，言辞又诚挚恳切，就说："大王所言极是，要想雪耻，就要使国家强盛起来。要想国家强盛，就要广招人才。要广招人才，就必须使举国上下都知道大王爱惜人才。要是人们都知道大王重视人才，那么天下的贤才就会争着立于大王之朝，来为大王效力了。"燕昭王说："先生所言深合我的心意，可怎样才能使人们相信我是真正爱惜人才、重用人才呢？我确实是真心实意地求贤，怕是人们不一定理解我的心情。"

郭隗没有立即回答燕昭王提出的问题，却讲了一个故事。他说："古代有个国王，他一心想得到一匹千里马。他出了好多钱，派了好多大臣到各地去给他购求。可是一连物色了 3 年，连一匹千里马也没买到。国王非常着急。有个给国王打扫宫廷的人，自我推荐说：'大王给我千两黄金，我能去给大王买到千里马。'国王求千里马的心情很迫切，就给他千两黄金，让他去买千里马。这人去了 3 个月后，一天返回朝廷，背回一颗马头来。他向国王回报说：'我找到了一匹千里马，可惜去晚了，等见到那匹千里马时，那马已经死了。我想，马虽死了，也还是千里马，就用大王的千金把它买来了。您看，这就是千里马的马头。'国王一听，十分恼火。说道：'我要你去买活的千里马，你却买了一颗死马的马头来，这有什么用？白白花去我千两黄金！'买死马头的人说：'大王息怒，这颗死马头不会白买。这里有个道理：大家若都知道一匹死的千里马大王都肯出千金购买，对活的千里马，自然会更重视的。天下的人都知道大王诚心诚意地要买千里马，那么要不了多久，千里马就会到大王这里来了。'果然，不到一年的工夫，这位国王就得到好几匹千里马。"

燕昭王听完郭隗讲的故事，问道：“先生您讲这故事的意思是……”没等燕昭王再往下说，郭隗就接着说道：“天下的事各不相同，但道理有些是相通的。大王如果真心实意地访求贤才，不妨从我郭隗开始，让我来给您当这马头吧。要是天下人都知道，像我郭隗这样的人都受到大王的器重，那些比我才能更高的人，自然就会不远千里来投奔大王了。”

从此，燕昭王郑重地把郭隗请到朝廷来，拜他为老师，日夜和他商量复兴国家的大计。为了表示对郭隗特别尊敬，燕昭王给郭隗以优厚的待遇。当时燕国的宫殿被战火烧了，燕王自己没有像样的宫室居住，和大臣们一起办事也是在临时搭的简陋草房内，却单独给郭隗筑起一座高台。在台上给他建筑了华丽的馆舍，又举行了隆重的仪式，恭恭敬敬地请郭隗到里面居住。还在这高台上放置许多黄金，任从郭隗花用。因此，人们都称这高台为“黄金台”。

这件事很快传遍四方。人们都知道燕昭王是真心实意地敬重人才，礼贤下士，一些有真才实学的人，都先后聚集到燕国来。著名的军事家乐毅从魏国来到燕国，善于带兵打仗的剧辛从赵国来到燕国，精通天文地理的阴阳家邹衍从齐国来到燕国……这样许多豪士云集燕国，经过几十年的共同努力，燕国又强盛起来。

崇尚诚信的刘备

言不信者，行不果。

——墨子

起兵之初的刘备由于没有根基，被曹操追杀，只得带着关羽、张飞、赵云投靠了荆州的刘表。

张武在江夏造反，刘表交给刘备3万人马到江夏平乱。两军对阵时，因张武的战马极其雄骏，引得刘备在阵前赞不绝口。一旁的赵云见主公喜爱之物在张武坐下，挺枪而出，直取张武，战不到三合，将张武挑下马来，随之将战马牵回，献给了刘备。

平乱凯旋，刘表看到刘备的新坐骑健骏超群，称赞不已。刘备正愁无以表达对刘表的感激之情，立即将马送给了刘表。

刘表骑上此马非常得意。他的部将蒯越懂相马之术，对刘表说："此马眼下有泪槽，额边生白点，名的卢，骑则害主人。张武因此马而亡，主公万不可乘。"刘表细品蒯越的话，很相信，第二天便将的卢马送还给刘备。刘备骑的卢马出城，被刘表的幕僚伊籍拦住。"将军千万不可乘此马。"伊籍恳切地说。刘备忙下马恭敬地向伊籍求教。"我昨日听到蒯越对主公说，此马名的卢，乘之害主，因而今日主公将此马送还将军，将军怎么可以再乘它呢?""谢谢先生的指教，"刘备抚摸着的卢马头说，"可人生死在天，岂是马能左右的呢?"刘备不以为然，依旧骑上的卢马而去。

刘备的到来，引起了刘表的妻子蔡夫人和她的弟弟大将蔡瑁的不满，认为志高远大的刘备一定会将荆州占为已有，决定除掉刘备。

蔡瑁代刘表在襄阳宴请百官，请刘备赴宴。席间充满了亲和的气氛，百官纷纷向刘备敬酒。

自从伊籍指出的卢马的利害后，刘备与他便成了知己。此刻，伊籍乘向刘备敬酒时，边使眼色，边悄声说："请更衣。"刘备会意，借口上厕所，离开宴席。"将军快逃吧。"伊籍到后园见到刘备后急切地说，"蔡瑁已备下刀斧手，就要下令杀你。"刘备大惊，骑上的卢马，冲出襄阳西门，飞驰而去。

蔡瑁得知刘备逃走，立即带兵追杀。

的卢马快，襄阳城渐远。刘备正暗中庆幸，一条水急浪翻的河拦在了前头。河为檀溪，宽数丈，无桥可行。眼看追兵将到，情急中，刘备纵马下河，孰料仅行数步，的卢马的前蹄便陷到泥里。此刻，已清晰可见追兵在阳光下闪着白光的盔甲，转瞬间便要追到河边。

刘备拼尽力气，扬鞭打马，高呼道：“的卢，的卢，你真的要害我吗？”

奇迹发生了。受到鞭笞的的卢马突然扬鬃长嘶，从水中一跃而起，就像腾云一般飞到了西岸。

刘备逃脱了蔡瑁的追杀，回到新野城。一日在市上见一位鹤骨仙风的先生吟歌走来，像是个贤达之士，便下马拜见。来者姓单名福，果然是个名士。刘备向单福求教平天下的大事，单福却指着的卢马说：“此为的卢马，害主，不可乘之。”

刘备说：“此言已应验了。”

单福摆摆手：“的卢檀溪一跃是救主，但它终要害一个主人的。我有一个办法，将军将它赐给仇人，仇人被的卢伤害后，将军再乘就无妨了。”

刘备听罢，勃然变色：“先生明知的卢害主，却让我为自己之利送出害人。我不敢再请教你了。”单福大笑：“我是在试探将军的心啊。将军果然是个有仁德之心的人，我愿辅佐将军了。”“己所不欲，勿施于人”是孔子的名言，是说自己不愿意做的事情，就不要加在别人身上。刘备“的卢马害主不送人”的故事体现了这种以博爱之心待人，自尊自重，让社会充满温馨与和谐的道德风尚。

光明正大的班超

> 三军可夺帅也，匹夫不可夺志也。
>
> ——《论语》

班超生在东汉初年，是汉明帝和汉章帝时期的名将。他一生的经历惊险、曲折，有不少传奇式的故事流传到今天。

班超一家人都是历史上有名的人物，父亲班彪学着司马迁的榜样，写成了《史记后传》；哥哥班固、妹妹班昭又经过多年的艰苦努力，写出了著名的历史著作《汉书》。

班超虽然生在这样一个书香门第的家庭里，却从小就表现出另一方面的才干。他20多岁时，有一次，有人告发班固私自编写国史，结果班固被抓进大牢，性命危在旦夕。班超气愤极了，他一个人跑到京城，跪在皇宫外面喊冤。汉明帝听说以后，觉得挺有趣，就把他叫了进来，想听听他说些什么。好一个班超！在威严的天子大殿上一点都不惧怕，他慷慨陈词，口若悬河。既讲清了哥哥编史书的宗旨，又指出了这部史书的重要作用。汉明帝看他说得头头是道，一高兴就把班固放出来，还让班固到京城专门为朝廷编写史书。

班超也跟着班固来到京城，做些抄写工作，挣钱来贴补家用。班固觉得弟弟很有才华，曾打算让班超来帮他编史书。可他哪里知道弟弟的志向却不在这方面。有一天，班超正在抄写文书，抄着抄着，他烦躁起来。最后，他干脆把毛笔扔在地上，重重地叹了口气说："身为大丈夫，就该像古时候的张骞那样，到塞外去立大功，封万户侯，怎么能整天闷在书房里靠抄抄写写来糊口养家呢！"这时候，正赶上奉车都尉窦固率军出征匈奴。班超就毅然来到窦固的帐下，做了军人。后来有句成语叫"投笔从戎"，说的就是班超扔下笔杆去从军的典故。

班超在军中作战勇敢，又有智谋，很受窦固的赏识。汉明帝准备派人出使西域时，窦固就把班超推荐了上去。汉明帝也还记得那个为哥哥慷慨陈词的班超，觉得这人既胆大，又有口才，派他去西域最合适不过了。于是就下令封班超为司马（官名），让他带着36个随从，到西域去了。

班超果然不负众望，他第一次出使就降服了鄯善国。消息传回京都，汉明帝很高兴，让窦固给班超增兵。可班超谢绝了，他认为自己身边有原先的36名勇士就足够了，降服各国靠的是大智大勇，恩威并施，人多了反而不方便。接着，他带着这36人又征服了于阗、疏勒等西域大国。还联合各国军队击败龟兹国、尉头国的进攻，又平定了各国的小股叛乱，还劝降了拘弥、月氏、乌孙、康居等国家。西域从此又与汉朝建立了往来，恢复了“丝绸之路”的交通。在这期间，班超的人马最多不过上千人，但班超对下级诚心诚意，胸怀坦荡。遇到危险，他冲在前面；有了功劳，他不独占。为了这，大家都愿意跟着他出生入死，所以，他手下的人个个都能以一当十。

班超功劳越来越大，就有人嫉妒他，背后说他的坏话。

有一次，班超劝降了乌孙国，并且让乌孙王派使臣到洛阳去晋见皇帝。这时候，汉明帝已经死了，汉章帝在位。他见了使臣，非常高兴，大大赞扬了班超的才干，并且同意按班超的主张，联合乌孙攻打龟兹国。汉章帝重赏了乌孙国的使臣，又拿出了许多礼物，让使臣带回去送给乌孙国王。为了表示对来使的尊重，章帝还派了个叫李邑的卫侯（官名）护送使臣回国。

不料，这个李邑却是个贪生怕死的家伙。他率队走到于阗国的时候，正遇上龟兹国攻打疏勒国，虽然他驻扎的地方离战场很远，而且还有别的路可以绕过去到达乌孙国。可李邑却死活也不敢再往前走了，他生怕哪天会遇上打仗，把自己的性命丢在这荒凉僻远的塞外沙漠上。可是，中途退回去，又怎么向皇上交差呢？李邑是进不敢进，退不敢退，整天愁眉苦脸，唉声叹气，想不出办法来。这时候，有个手下人给李邑出了个恶毒的主意，李邑一听，这才转忧为喜，连忙吩咐人按这个主意去办。

不久，朝廷接到了一封李邑派人送回来的奏疏，里面的大意是说：他到了西域后，发现这里的人野蛮好斗，到处都在打仗，根本就没有归顺汉朝的意思。而班超呢，在这里娶了娇妻美妾，整天抱着儿子享清福，他当然不愿意回到中原，所以班超才对陛下撒谎说西域可以收服。他这是出于个人的私欲，让国家白白地劳民伤财呀！劝陛下收回联络乌孙的命令，并召班超回京问罪。

这封奏疏的内容一下子就在朝廷里传开了，李邑派回来送信的人又到处散播谣言，那些原来就对班超有成见的人也都活动起来，准备劝汉章帝改变对西域的政策。一时间，班超欺骗皇上的消息闹得满城风雨，舆论对班超很不利。

远在疏勒国的班超听说这个情况后，不禁叹气道："古时候有个曾参，以仁爱忠信出名。有人嫉恨他，就跑到他母亲那里去造谣，说曾参杀人了。第一次，曾母不信；第二次，曾母开始有点怀疑；第三次，曾母就信以为真了。所以说，谣言重复三次，就不由人不信了。可惜我自己并没有曾参那样大的名气，却碰到了他那样的遭遇。"

没想到，汉章帝却是个头脑清醒的皇帝，他听了大臣们的议论后，立刻驳斥道："这都是一派胡言！就算班超不想回中原，难道他手下那些将士也没有一个想回家吗？为什么他们都能跟班超一条心，为他出生入死呢？"

随后，汉章帝就下了一道诏书，把李邑臭骂了一顿。责令他老老实实地到疏勒国去见班超，听候班超的吩咐。另外，章帝又给班超下了一道诏书，告诉他说：等李邑到了你那里，你可以把他留下来，任凭你发落。

李邑领了诏书，直后悔自己当初自作聪明，结果偷鸡不成蚀把米，这回怕真是没命了。可是，等他到了疏勒国，班超却一点也没有为难他，只是叫人招待他住下。然后，班超另外派人护送乌孙国使臣回家。还让使臣带信给乌孙国王，劝他按照常规，把王子送到洛阳去做人质，以表示对汉朝的忠诚。乌孙国王欣然答应了班超的劝说，很快就把儿子送到了班超这里。

这天，班超把李邑叫来，对他说；"李大人，现在有件公务要劳你的大驾，请你护送乌孙王子去洛阳。你看怎么样？"

李邑听后大吃一惊，他原以为班超会狠狠报复自己，没想到班超能这么轻易地放自己回去。他结结巴巴地说："班将军，难道您真的不记我的过错吗？"

班超淡淡一笑说："你我都是朝廷大臣，如果总是你害我，我害你，怎么能一心为国家效力呢？即然你的才干不适合在这里发挥，勉强你留下来，对国家也没有好处。所以还是请你回去，我们各自诚心为国尽忠就是了。"

李邑又是羞愧，又是感激，后来，他回到洛阳再也没有说过班超一句坏话。

这边，班超手下的人们却有点不解气，他们对班超说："李邑这家伙昧着良心造谣生事，险些坏了将军的大事。虽说您胸怀坦荡，不记恨他的过错，可也不应该放他回去呀，万一他又在京城胡说八道怎么办？"

班超答道："正因为他说过我的坏话，我才要让他回去。这不正说明我们光明正大，没有什么见不得人的地方吗？只要我们在反省自己的内心时，没有什么感到内疚的事情，我们就不怕别人说什么。"

众人听班超这样讲，虽然还有点不解气，可都打心眼里佩服班超诚实、坦荡的胸怀，也就更愿意跟着班超去为国尽忠了。

后来，班超率领手下人打了更多的胜仗，还在西域各国传播友谊，帮助那里的人民发展生产，建立友好往来。直到他71岁那年，才奉诏回到洛阳。这时，他已经年老体衰，病魔缠身，回到洛阳1个月后，就与世长辞了。

刚正为人的辛公义

土扶可城墙，积德为厚地。

——李白

辛公义是陇西狄道人，早年就死了父亲，由母亲一人抚养。母亲亲自教他读书，他读书十分勤奋。后因品学兼优，被挑选去做了太学生。当时的人都很仰慕他。

学成后，辛公义参加了隋朝统一全国的战争，因功出任岷州刺史。

隋文帝仁寿元年（601），任命辛公义为扬州道黜陟大使，巡视扬州。

扬州总管豫章王杨暕害怕自己的属官有犯法的会被辛公义严办，没等辛公义入境，就预先叫人去迎接辛公义，并向他打招呼，请他多多关照。

原来，杨暕是隋炀帝次子，他自己也多行不义，为人极其荒唐，骄恣不法。他见到漂亮的女子就抢，当着父亲的面竟敢和后母勾搭。

辛公义为人刚正不阿，见杨暕派人来打招呼，立即义正词严地回答说："我奉皇上的命令而来，是不敢徇私情的。"

辛公义到扬州后，对犯法的官吏毫不宽容，依法定罪。为此，杨暕十分恨他。

隋炀帝即位后，杨暕的心腹扬州长史王弘到皇宫当了黄门侍郎。他借机公报私仇，常在隋炀帝面前说辛公义的坏话。隋炀帝听信谗言，竟罢免了辛公义。

听说辛公义被罢官了，好些官员络绎不绝地到皇宫门外为他喊冤。几年后，隋炀帝终于醒悟，下令让辛公义官复原职。后来，辛公义受到提升，并随隋炀帝出征，到柳城郡时不幸去世，死时62岁。从此，隋炀帝的身边只剩下一些奸臣，隋朝一步步走向了灭亡了。

刚直不阿的褚遂良

褚遂良褚遂良是我国古代著名书法家。其书法继承王羲之传统，外柔内刚，笔致圆通，见重于世，与欧阳询、虞世南、薛稷并称为"初唐四家"。

褚遂良不仅是位书法家，还是一位良史。古代所谓良史就是刚直不阿的史官，如董狐、司马迁都是良史。他们秉笔直书，不怕杀头。

唐太宗贞观十三年（639），褚遂良入朝担任谏议大夫，又负责记起居注。起居注是帝王的言行录，每天必记，事事不漏，是修史的重要依据，史官据以编修国史。

有一天，唐太宗问褚遂良道："你近来负责起居注，起居注里都记些什么啊？"褚遂良回答说："起居注是记载帝王言行、兼记朝政大事的日记体史册名称。为历代编修实录及正史的主要史料来源之一。周代就设有左史、右史，为天子记录言行。起居注的正式名称始于汉代。

唐太宗听了，点了点头，问道："起居注里记录的皇帝言行能让皇帝本人看吗？我很想看一看这种起居注的内容，希望能回顾过去的行为得失，警诫自己，避免重犯过去的错误。"褚遂良一脸难色，略带歉意地说："起居注既是用来记载皇帝的言行的，那就无论好的坏的都要记载下来。起居注的设立，客观上是能起到不让皇帝去做非法之事的作用，但没有听说过皇帝亲自察看史官记录的事。"

唐太宗一心想做个好皇帝，因此最担心自己的不良行为被记载下来，于是又问道："我如果说了错话，或做了错事，一定要记下来吗？"褚遂良回答说："做官就要忠于职守，我的职责就是把陛下的言行都记下来，好的坏的都不能漏掉。"这话说得太刚直了，唐太宗有点接受不了，黄门侍郎刘洎正好在旁边，忙上前说："皇上有了过失，就好像日食、月食，天下的人都会看到的，即使褚遂良不记，天下的人也会记下来的。"唐太宗一听把他比作日月，心中怒火顿消，没有再说什么。

褚遂良是一位刚正不阿的忠臣，也是一位信守古代良史原则的史官。他没有迎合唐太宗，即使冒犯龙颜也在所不顾。正因为他为人正直，唐太宗临死时，把辅助儿子的重任交给了他和另一位大臣长孙无忌。

忠贞信义的叔孙豹

宁为玉碎，不为瓦全。

——《北齐书》

春秋时期，为了制止各国之间战争，晋、楚、鲁及其他一些小诸侯国，在虢国举行了弭兵之盟。几年后，又各派使者到虢国重温盟约。没想到，正在这时，鲁国的执政者季武子，派兵攻打了莒国，占领了郓地。莒人就向虢国的盟会报告。楚使对晋使说：“重温旧盟还没有结束，鲁国就破坏盟约，应该把鲁国的使者叔孙豹杀死。”当时，晋大夫乐王鲋同晋国的执政赵武，一起来参加大会，他向叔孙豹索取贿赂，作为向赵武说情的条件。他派人向叔孙豹以要革带为借口，索取财物，但遭到叔孙豹的拒绝。叔孙豹的家臣劝他说：“财货是用来保卫自身的，您有什么值得爱惜的?”叔孙豹说：“诸侯的盟会，是为了保卫各自的国家。如果用贿赂免于祸害，鲁国必然要受到进攻，还谈得上什么保卫呢？人的住处之所以要有墙壁，就是为了用来防备坏人的，如果墙壁有了裂缝，那是谁的过错？本来是为了保卫它，现在反而受到了侵害，那我的罪过是不可饶恕的了。虽然我应该埋怨季武子的行为不谨慎，但鲁国又有什么罪呢?”于是他就召见乐王鲋的使者，扯下了一片做衣裳的帛给他，并说：“革带太窄了。”赵武听到这件事后说：“面临祸患而不忘记国家，这是忠；危急中仍忠于职守，这是信；为国家打算而不顾自己的生死，这是贞；谋事以忠、信、贞为原则，这是义。具备这四种品德的人，难道可以杀害他吗?”于是他就向楚使请求，赦免了叔孙豹。

韩休耿直一生

所守者道义，所行者忠信，所惜者名节。

——欧阳修

韩休字良士，唐朝长安（今陕西西安）人。唐玄宗先天元年（713），韩休考中进士，做过左补阙、起居郎。

唐玄宗开元十二年（724），韩休出京担任虢州刺史。

虢州位于东京（洛阳）和西京（长安）之间，皇帝经常路过这里，总要征收马厩税和草料税。为了减轻百姓负担，韩休向朝廷提出申请，请求将虢州的税由虢州和其他州共同分担。中书令张说不悦道：“免去虢州的税而分给别的州，这是守臣为自己谋私利。”韩休见朝廷不批，仍坚持申请。他的下属担心这样做会惹怒宰相，韩休说：“知道百姓之苦而袖手旁观，怎配当官呢？就是因此而获罪我也甘心。”最终，朝廷同意了韩休的请求。

不久，因母亲去世，韩休辞职回家。服孝完毕后，韩休又回到朝廷做官，担任过工部侍郎，兼任知制诰，后来又升任尚书右丞。

侍中裴光庭去世后，唐玄宗让宰相萧嵩推荐能代替裴光庭的人。萧嵩一向赞扬韩休的志向和品行，于是推荐他出任黄门侍郎、同中书门下平章事，做了宰相。

韩休为人耿直，不追求名利。他担任宰相后，天下的人都认为很合适。

万年县县尉李美玉因过失犯罪，唐玄宗要把他流放到岭南去。韩休说：“县尉不过是个小官，李美玉犯的又不是大罪，不必流放到岭南去。如今朝廷里有大奸臣，请先惩治他们。金吾大将军程伯献依仗恩宠，贪赃枉法。

他家里的房屋、轿子、车马都越制违规了。请陛下先惩治程伯献，然后再惩治李美玉。”唐玄宗不肯准奏，韩休坚持说：“小罪不被宽容，大奸竟然不责问。陛下如果不惩治程伯献，我就不敢奉诏惩治李美玉。”唐玄宗无可奈何，也就不强迫他了。他就是这样刚正不阿。

当初，萧嵩认为韩休为人温和，平易近人，因此推荐了他。韩休做宰相后，在处理政务时有时顶撞萧嵩，萧嵩心里很不舒服。宋璟听说后，赞扬道：“没想到韩休能这样做，这是仁者之勇啊。”

萧嵩宽厚博大，韩休刚正不阿，两人正好可以互相弥补。对于时政的得失，韩休一说起来就非常详尽。

唐玄宗有时在宫中宴饮或在苑中打猎时，常常对左右的人说：“韩休知道不知道？”话刚说完，韩休进谏的奏章就递上来了。

有一天，唐玄宗对着镜子默不作声，左右的人说：“韩休做宰相后，陛下瘦多了，为什么不罢免他？”唐玄宗叹息道：“我虽然瘦了，天下却肥了。萧嵩常顺着我，他退下去后，我无法安眠。韩休经常据理力争，他退下去后，我睡得很安稳。我用韩休是为了国家，不是为自己啊。”

刚正的尹君

一个人如果自己都不能掌握自己，别人还能做什么呢。

——一凡

唐太宗时，由于重用了魏征那样的敢于直言的忠臣，一时言路大开，形成风气。

当时坊州（今陕西黄陵、宜君一带）有个官吏叫尹君。他在杨纂手下当司户，主要负责征集百姓税收之事。有一天，尚书省忽然向坊州下达一道指令，要坊州征集杜若。杜若本是一种中药材，又名竹叶莲，能治蛇、虫咬伤及腰疼等症。尹君接到此令，不禁眉头紧皱。他自言自语地说：

“杜若本生长在南方。坊州地处北国，哪里来的什么杜若。真是岂有此理！”

尹君不想为难百姓，取悦上司，便在尚书省的指令上写了一段文字，连同指令一起退还尚书省。他在指令上写下的一段文字翻译过来是这样的：“坊州根本没有什么杜若，这是天下共知的事。尚书省忽然下令要这种东西，这恐怕是读了谢朓的诗生出的误解。高贵的尚书省的官员们，你们仅凭一个女人的一句诗就来向坊州要杜若，不怕天上的二十八星宿笑话你们吗？”

话说得尽管带有挖苦的意味，但说的是实情。尚书省收到坊州退还的指令和尹君的一段文字，十分赏识尹君实事求是和刚正不阿的精神。杨纂得知此事也非常高兴。后来杨纂为雍州（治所在长安，后更名为京兆府）长史时，便提拔尹君为雍州司法，负责审理全州案件等事。

一次金城坊被盗。据失主说，他影影绰绰地看见一个头戴胡帽的人，把帽子压得低低的，估计可能作案分子是一个胡人。杨纂据此便要下令把全城的胡人一个个都抓起来审问。尹君对此举不以为然。他对杨纂说：“我看大人此举有些鲁莽。试想贼人作案，有时惯于伪装。贼人故意戴上胡帽作案，这种可能性也不是没有。大人，我看此贼敢于进内室作案，绝不是初来乍到者，而是对此地情况比较熟悉的一个人。因此请大人只在本城西市一带访查就行了。”

杨纂被尹君一说，有些扫兴，便拉下脸来说：“你说作案分子不一定是胡人，难道你是收了作案分子的贿赂不成？”

尹君听了杨纂的话仍未改初衷。起草文稿时仍按照自己的意见写。杨纂看了尹君文稿，慨叹再三，自愧弗如，只得在文稿上批上一段话，这段话翻译过来大致是这样的：“我的意见确实比尹君的意见输了一筹。我同意尹君的意见。”

后来这事传到唐太宗那里。唐太宗当时正在临摹“二王”的书帖。听后深有感触地说：“朕用杨纂，听说他知错就改，服输一筹。我整天地深居内宫，耳不聪，目不明，和尹君比又会输几筹呢？”

李沆不奏密报

人无忠信，不可立于世。

——程颐

在封建时代，皇帝周围的大臣在奏报公事之外，往往还要私下里向皇帝秘密报告一些事情。

从皇帝方面来说，是想通过这些秘密报告掌握宫内外的一切动态，监视大臣们平时的言行和人品。从大臣们的方面来说，这样做除了可以打击自己的政敌，达到自己的政治目的以外，还能够以此来赢得皇帝的信任和宠幸。

这些秘密报告的内容，一般都是别人私下里的言谈举动。它们有时能够起到揭露阴谋、打击权贵的正面作用，但在更多的情况下，它们却成了陷害他人、抬高自己的一种手段。在封建时代，由于皇帝的提倡和赏识，大臣们几乎没有不打秘密报告的，他们把这当作一种荣耀，因为这就说明自己是皇帝的心腹大臣。相反，秉公处世、不私下打报告的人倒是极少数了。

宋真宗时的宰相李沆就是这少数人中的一个。

李沆在当时是很受宋真宗信任的一位大臣，常常有机会单独和皇帝讨论国家大事，但是他从来没有向皇帝秘密奏报过其他人的隐私。他在皇帝面前怎么说，在朝廷上照样也怎么说，从没做过当面一套，背后一套的事情。

有一回，李沆和另一位大臣发生了意见分歧，起因是对一位官员的处罚问题。这个官员在宋朝与西夏国的战争中，未能将粮草及时运到军中，按军令该斩。李沆听说后，对事情做了一番调查，认为应该免这人的死罪。他在朝廷上据理力争，指出此人失职的真正原因是有人故意延误发粮时间，嫁祸于他。就算他有一定的责任，也不该判死罪，何况此人很有才干，而且一向勤勉谨慎。杀了他，是国家的一大损失。

另一位却认为：无论责任大小，都应该斩首，这样才能严明法纪，警戒他人。李沆和这位大臣各抒己见，争得面红耳赤，谁也没能说服谁，只好把此事送交刑部再去研究。

同李沆争论的这位大臣平时就对李沆不满。经过这次争论之后。他更是怀恨在心，认为李沆是故意和自己过不去。为了报复，他派人四处散布谣言说：李沆和犯罪的官员有私人交情，所以徇私枉法。包庇坏人。他还暗地里向宋真宗告了一状，说李沆不仅目无朝庭法纪，而且一向独断专行，连皇上的话也不怎么听。

与此同时，李沆却正忙于其他公务，早把争论的不愉快忘记了。所以，尽管朝中议论纷纷，他却根本不知道。后来，有人提醒他防备暗算。他听后笑了笑说："我诚实办事，诚实对人。既然问心无愧，怕什么暗算!"

再说宋真宗，他对李沆的人品还是比较了解和信任的。听了那位大臣的密报之后，他半信半疑，很想听听李沆这一方面的意见。这天下朝之后，他吩咐太监把李沆叫到偏殿。

等李沆来到以后，宋真宗身着便装，神态安闲地叫李沆坐下，还叫太监上茶。李沆知道皇上又要单独和他谈论政事，心情也轻松下来。果然，宋真宗先同他谈起近来边防上的战事，又说起南方遭水灾等紧要的问题。说着说着，宋真宗话锋一转，突然问起对那个官员的处罚来。李沆没有准备，愣了一下，说道："此事臣已经有详细的奏报送上来。陛下还没有看过吗?"

真宗不动声色地说："朕只是想亲自听听你的陈述。"

李沆就把自己的意见讲了一遍，然后又强调了这人的才干，说眼下正是国家用人之际，应该给他一个将功补过的机会。

李沆陈述完，见宋真宗似乎还想听下去，便问道：陛下还有什么想了解的吗？"

这一问倒把宋真宗问得愣了一下，他说："你的意见都讲完了吗？是否还有什么不便说的，尽管说吧。"

李沆答道："臣的想法都说了，此事就请陛下裁断吧。"

宋真宗沉吟了一下，说道："你看某某这人怎么样？"真宗指的就是那个告李沆状的大臣。

李沆认真地答道："此公有宰相之才，唯有一点缺憾，就是气量狭窄。但还算是一位称职的大臣。"

真宗点点头说："好吧，你先回去，那件事待朕再斟酌一下。"

李沆刚起身要走，宋真宗忽然又问了一句："其他大臣都曾向朕密奏过事情，你为何从没有密奏过呢？"

李沆转身跪下答道："臣以为，我身为朝廷大臣，所做的都是朝廷上的公事。即然是公事，为何不能公开在朝堂上讲，而要密奏呢？凡是需要密奏的事情，我看除了为国家除掉谋反的奸臣之外，大都有不可告人的动机。臣一向反对这样的行为，怎么敢学着去做呢？"

真宗听后没说什么，挥挥手让李沆退下。

李沆走后，宋真宗站在那里，沉思了一会。他想："像李沆这样一个光明正大、自重的人，是决不会徇私枉法的。看来，我对那些打秘密报告的人倒是要警惕一下呢。"

从此，宋真宗更加信任和依靠李沆了。

自尊自重的孟尝君

听言之道，必以其事观之，则言者莫敢妄言。

——《汉书》

孟尝君，名田文（？～前279），汉族，齐国宗室大臣，中国战国四公子之一，自幼在邻居家放牛。其父靖郭君田婴是齐威王么儿、齐宣王的异母弟弟，曾于齐威王时担任要职，于齐宣王时担任宰相，封于薛（今山东滕州东南），权倾一时，谥为靖郭君。田婴死后，田文继位于薛，是为孟尝君，以广招宾客，食客三千闻名。

孟尝君为了巩固自己的地位，专门招收人才。凡是投奔到他门下来的，他都收留下来，供养他们。这种人叫做门客，也叫做食客。据说，孟尝君门下一共养了3000个食客。其中有许多人其实没有什么本领，只是混口饭吃。

战国时期，昭襄王为了拆散齐楚联盟，他使用两种手段。对楚国他用的是硬手段，对齐国他用的是软手段。他听说齐国最有势力的大臣是孟尝君，就邀请孟尝君上咸阳来，说是要拜他为丞相。

孟尝君上咸阳去的时候，随身带了一大帮门客。秦昭襄王亲自欢迎他。孟尝君献上一件纯白的狐狸皮的袍子作见面礼。秦昭襄王知道这是很名贵的银狐皮，很高兴地把它藏在内库里。

秦昭襄王本来打算请孟尝君当丞相，有人对他说："田文是齐国的贵族，手下人又多。他当了丞相，一定先替齐国打算，秦国不就危险了吗？"

秦昭襄王说："那么，还是把他送回去吧。"

他们说："他在这儿已经住了不少日子，秦国的情况他差不多全知道，哪儿能轻易放他回去呢？"

秦昭襄王就把孟尝君软禁起来。

孟尝君十分着急，他打听得秦王身边有个宠爱的妃子，就托人向她求救。那个妃子叫人传话说："叫我跟大王说句话并不难，我只要一件银狐皮袍。"

孟尝君和手下的门客商量，说："我就这么一件，已经送给秦王了，哪里还能要得回来呢？"

其中有个门客说："我有办法。"

当天夜里，这个门客就摸黑进王宫，找到了内库，把狐皮袍偷了出来。

孟尝君把狐皮袍子送给秦昭襄王的宠妃。那个妃子得了皮袍，就向秦昭襄王劝说把孟尝君释放回去。秦昭襄王果然同意了，发下过关文书，让孟尝君他们回去。

孟尝君得到文书，急急忙忙地往函谷关跑去。他怕秦王反悔，还改名换姓，把文书上的名字也改了。到了关上，正赶上半夜里。依照秦国的规矩，每天早晨，关上要到鸡叫的时候才许放人。大伙儿正在愁眉苦脸盼天亮的时候，忽然有个门客捏着鼻子学起公鸡叫来。一声跟着一声，附近的公鸡全都叫起来了。

守关的人听到鸡叫，开了城门，验过过关文书，让孟尝君出了关。

秦昭襄王果然后悔，派人赶到函谷关，孟尝君已经走远了。

孟尝君回到齐国，当了齐国的相国。他门下的食客就更多了。他把门客分为几等：头等的门客出去有车马，一般的门客吃的有鱼肉，至于下等的门客，就只能吃粗菜淡饭了。有个名叫冯谖（一作冯煖）的老头子，穷苦得活不下去，投到孟尝君门下来作食客。孟尝君问管事的："这个人有什么本领？"

管事的回答说："他说没有什么本领。"

孟尝君笑着说："把他留下吧。"

管事的懂得孟尝君的意思，就把冯谖当作下等门客对待。过了几天，冯谖靠着柱子敲敲他的剑哼起歌来："长剑呀，咱们回去吧，吃饭没有鱼呀！"

管事的报告孟尝君，孟尝君说："给他鱼吃，照一般门客的伙食办吧！"

又过了5天，冯谖又敲打他的剑唱起来："长剑呀，咱们回去吧，出门没有车呀！"

孟尝君听到这个情况，又跟管事的说："给他备车，照上等门客一样对待。"

又过了五天，孟尝君又问管事的，那位冯先生还有什么意见。管事的回答说："他又在唱歌了，说什么没有钱养家呢。"

孟尝君问了一下，知道冯谖家里有个老娘，就派人给他老娘送了些吃的穿的。这一来，冯谖果然不再唱歌了。

孟尝君养了这么多的门客，管吃管住，光靠他的俸禄是远远不够花的。他就在自己的封地薛城（今山东滕县东南）向老百姓放债收利息，来维持他家的巨大的耗费。

有一天，孟尝君派冯谖到薛城去收债。冯谖临走的时候，向孟尝君告别，问："回来的时候，要买点什么东西来？"

孟尝君说："你瞧着办吧，看我家缺什么就买什么。"

冯谖到了薛城，把欠债的百姓都召集拢来，叫他们把债券拿出来核对。老百姓正在发愁还不出这些债，冯谖却当众假传孟尝君的命令：还不出债的，一概免了。

老百姓听了将信将疑，冯谖干脆点起一把火，把债券烧掉。

冯谖赶回临淄，把收债的情况原原本本告诉孟尝君。孟尝君听了十分生气："你把债券都烧了，我这里3000人吃什么！"

冯谖不慌不忙地说："我临走的时候您不是说过，这儿缺什么就买什么吗？我觉得您这儿别的不缺少，缺少的是老百姓的情义，所以我把'情义'买回来了。"

孟尝君很不高兴地说："算了吧！"

后来，孟尝君的声望越来越大。秦昭襄王听到齐国重用孟尝君，很担心，暗中打发人到齐国去散播谣言，说孟尝君收买民心，眼看就要当上齐王了。齐湣王听信这些话，认为孟尝君名声太大，威胁他的地位，决定收回孟尝君的相印。孟尝君被革了职，只好回到他的封地薛城去。

这时候，3000多门客大都散了，只有冯谖跟着他，替他驾车回薛城。当他的车马离开薛城还差100里的时候，只见薛城的百姓，扶老携幼，都来迎接。

孟尝君看到这番情景，十分感触。对冯谖说："你过去给我买的'情义'，我今天才看到了。"

陈之茂公正取士

> 无意苦争春，一任群芳妒。
>
> ——陆游

陈之茂是南宋时的一个大臣。他对儒家经典很有研究，学问十分渊博。

有一年他被朝廷任命为进士考试的主考官。可巧宰相秦桧的孙子秦埙这一年也要参加进士考试。权倾朝野的秦桧特地把陈之茂召到相府，开门见山地说：

"我孙子秦埙的文章写得很好，你阅卷时要多留意一下。要把他取为状元。办成这件事，我是不会亏待你的。"

陈之茂知道，举行进士考试是要遵守朝廷法度的。秦桧这样做是以权压人。但如果他马上拒绝，秦桧就会撤掉他的主考官。略微一想，陈之茂回答说：

"只要令孙的文章确实出类拔萃，我会按照朝廷定的标准，把他取为状元的。”

秦桧听陈之茂话中有“取为状元”四字，也没有仔细推敲其中的真实含义，就以为陈之茂已经应允了，心中十分高兴。

进士考试结束后，陈之茂把考卷调来一一阅看。他觉得秦埙的文章虽然写得通顺，但山阴（今浙江绍兴）才子陆游的文章更胜一畴。在陆游的文章中洋溢着爱国热情，读后使人激动不已，感慨万分。于是陈之茂毅然把陆游取为头名状元。

秦桧闻讯，气得咬牙切齿。他真想把陈之茂罢官免职，一杀了之。不过他又担心做得露骨会引起众怒，更怕陈之茂把他以权压人的事揭发出来。再说，当状元还要经过礼部复试、皇帝殿试才能最后决定。只要在复试时做好手脚，秦埙也是可以当状元的。想到这里，秦桧暂时忍下了这口气、并派人警告陈之茂说：

“明年礼部复试，你再多嘴就会掉脑袋的！”

面对威胁，陈之茂义正词严地说：

“我作为主考官，应该公正取士，为国选才。要是因此掉了脑袋，值得。”

接着，陈之茂一面给陆游去信，勉励他为参加复试做好准备；一面给礼部去函，正式通知说：这次由他录取的状元是陆游。这样，如果要另行更改，就必须有充分的理由。

第二年礼部复试的时候，在陈之茂的坚持下，陆游仍被定为头名状元。不过碍于秦桧的面子，礼部把秦埙取为榜眼（第二名）。但是，秦桧并不知足。他竟制造事端，逼走了陆游，然后把秦埙补为状元。

陈之茂对秦桧的做法十分愤慨。他不顾个人安危，向朝廷揭发了事实真相。同时，一些正直的朝臣和应试的进士也纷纷抨击秦桧的丑行。甚至秦埙也觉得面子上没有光彩。在皇帝亲自主持的殿试中，秦埙的文章杂乱无章，自相矛盾，反倒被定为探花（第三名）。

进士考试的名次经过皇帝钦定，就再也无法更改了。秦桧为此气得生了一场大病。

不登巨公势家之门的黄溍

以冰霜之操自励，则品曰清高；以穹窿之量容人，则德曰广大。

——李叔同

元仁宗延祐元年（1314），恢复了贡举之法，以便选拔人才。对早就出了名的才子黄溍，县里催促他参加考试。他一试即中，出任台州路宁海县丞。

宁海县位于浙东沿海，盐业兴旺。一些盐业大户有恃无恐，不受管束，肆意妄为，残害百姓。而当地的一些官吏受这些盐户的贿赂收买，也不主持公道，听之任之，使这股恶势力更加肆无忌惮。

黄溍到任后，见此情景，深恶痛绝，毫不迟疑地对为非作歹者一律绳之以法，绝不宽容。

这时，黄溍的下属忧心忡忡，深怕受到报复，小心翼翼地告诉黄溍说：“这伙人背后有人撑腰，可惹不得啊！”黄溍斩钉截铁地回答道：“官可以不当，百姓的事不能不管。”他刚正不阿，执法如山，对地方恶霸严惩不贷。他几经努力，使宁海恶焰渐消，百姓终于过上了安宁的日子。

黄溍担任州县官吏长达20余年，始终以父母官自律，体恤民间疾苦，为百姓办好事。他清白廉洁，除俸禄外，不接受任何非法钱财。他常常因生活费用欠缺而变卖家产，以资弥补。他两袖清风，政绩卓异，惠及地方，因此深受百姓爱戴。

元文宗至顺二年（1331），朝廷提拔黄溍进京做官。

至正八年（1348），黄溍受命编修《后妃功臣列传》。他凭着高尚的史德，秉承《春秋》笔法，尊重史实，从不曲意逢迎，再一次表现了刚正不阿的崇高精神。

黄溍光明磊落，一身正气。他在京城断断续续干了 20 年，“足不登巨公势家之门”，不阿附权贵。

当时，正人君子对他无不钦佩，异口同声地称赞道：“黄君清风高节，如冰壶玉尺，纤尘不染。”

谦恭谨慎的徐达

> 自尊心是一种美德，是促使一个人不断向上发展的一种原动力。
>
> ——毛姆

徐达，字天德，是我国明代著名的军事家。他足智多谋，治军有方，带兵时如同兄弟，常与士卒同甘苦，深得将士的敬仰；打仗时他“出奇无穷，料敌制胜”。而且，他带的军队军纪严明，所到之处，从不惊扰百姓，深受百姓的拥护。

徐达与朱元璋原本是患难弟兄、属贫贱之交。后又一直追随朱元璋南征北战，为朱元璋打天下屡建奇功，因此也深受朱元璋的信赖和倚重。但徐达在同僚之间，始终保持着谦恭谨慎、不居功自傲的本色。

在明王朝建立后的十几年里，徐达每年春天都受皇帝朱元璋之命出征，直到晚冬季节才被召回京城。回京之后，他都立即把将印上交给皇帝。年年如此，成为习惯。每次出征归来，朱元璋都让他休假并设宴和他一起畅饮，和他以布衣兄弟相称。而徐达总是尊敬地称朱元璋为皇帝，从来都十分恭敬谨慎。

有一次，朱元璋非常郑重地对徐达说：

“徐兄功劳很大，至今还没有安适的居室，我愿意把我的旧官邸送给你。”

徐达坚决推辞不受，并谦恭地说：

“官邸是帝皇的御所，我作为一朝之臣，岂敢进居？”

一天，朱元璋把徐达领至他的旧官邸，有意让徐达喝醉了酒，然后让侍从把徐达抬到正室去睡，并给他蒙上了被子。徐达醒来时，发现自己睡在皇帝的御床上，赶快爬了起来，跑到房外的台阶下面，俯身跪在地上高声自称自己犯了死罪，说不该睡在皇帝床上。他以此表示自己心目中是“君臣有别”的，并非因为与皇帝是布衣之交而胆大妄为。

朱元璋看到徐达处处谦恭谨慎，内心非常高兴，吩咐有关官员在旧邸前为徐达建造一座府宅，并在他的宅前立坊题写了“大功”二字。后来，徐达病逝，朱元璋为之停止了临朝听政，表示哀悼。徐达虽为封建皇朝时的忠良，有其历史的局限性，但他谦恭谨慎的品格一直为后人传颂。

张鹏翮官升廉长

> 从容不迫的举止，比起咄咄逼人的态度更令人信服。
>
> ——三毛

清代康熙年间，有一天，京城新任刑部尚书张鹏翮家格外热闹，亲戚、朋友、同乡、同事，来贺喜的，来串门的，也有不少来套近乎的。说起张鹏翮来，大家既佩服又羡慕。他从 21 岁步入仕途，3 年一提职，5 年一升迁，现在又担任刑部尚书，主管全国的案件审理，权力可真不小啊！客人们满是笑容，不少人还带着礼品。

这时，有位衣着华丽的公子来到张府，张鹏翮一看，自己并不认识这位公子，便客气地上前问道："这位公子是……" "噢，我姓赵，家父是……"赵公子一面自我介绍着，一面拿出一个信封递到张鹏翮手里。

张鹏翮一看，原来赵公子是江南富豪赵某的儿子，前一段参加了科举考试，正想谋个好差事，因此，今天带着厚礼专程来拜访张鹏翮。赵公子见张鹏翮看完了信，就递上一张红色的礼单，上面罗列着各种珍贵宝物及金银钱财。看罢，张鹏翮微微一笑说："赵翁真是用心良苦啊！不过，公子要真是有识有才，我一定会荐举你，但是这些厚礼我绝不能收，请公子带回吧。"说完，就命下人安排公子喝茶小憩。赵公子看礼品没递上去，就向张鹏翮再三表述自己的诚意，想把礼品留下，可是，无论赵公子怎么说，张鹏翮执意不留，最后，赵公子只好带着礼品怏怏地回去了。事隔不久，有人报告说江南一带科举考试中，徇私舞弊现象非常严重。康熙皇帝知道了这件事，就命张鹏翮到江南查处，一定要严肃科考秩序，选拔有识之士，刹住考场作弊的歪风。张鹏翮接到命令后，即刻动身。到了江南，他就开始审查考试情况，他发现主管考试的官员借学生交纳手续费的机会，大肆贪污受贿。一些有能力而又想当官的人趁机请客送礼，贿赂主考人员，捞取一官半职。因此，真正的有才之士反而不能考取。那个曾经给他送礼的赵公子就是靠贿赂而通过考试的。张鹏翮想："怪不得他执意要给我送礼呢！"于是，张鹏翮马上开始审查，严肃处理贪污受贿的官员，把那些以不正当手段蒙混过关的人统统清理出去，严明了科考秩序。那个赵公子也被清退了出去。

没多长时间，从苏州府报上一案，苏州知府陈鹏年写了一首诗，当时的总督噶礼与陈鹏年素有仇怨，赵公子就让父亲与噶礼串通起来，说陈鹏年写的诗有反朝廷之意，要朝廷查处。康熙皇帝非常气愤，命张鹏翮一定要严查此事。当时，张鹏翮的儿子正在噶礼手下任职。噶礼专横地扬言：

“张鹏翮要是敢惹到我头上，我就杀了他的儿子。”赵公子心中窃喜，心想：“这回可有你张某好瞧的了。”张鹏翮并没害怕，他对噶礼说：“按奸发伏，振摘是非，无可容回。就是不要儿子，也要查清此事。”经过调查，张鹏翮证实陈鹏年纯属是被诬陷，就毫不犹豫地为陈鹏年平了反，处置了噶礼。赵公子从此以后再也不敢乱来了。

康熙皇帝见张鹏翮冒着杀子的危险明断了是非，非常感动，就提升他为吏部尚书，主管全国官吏的任免、调动和考核。于是，一些亲戚朋友又找上门来，求他给予关照。张鹏翮开始总是婉言谢绝，可是，不少亲戚朋友总是拐弯抹角接二连三地求他，弄得他很难抵挡。最后，张鹏翮干脆在堂屋里挂了一幅关帝像，每当求情的人喋喋不休地说个没完，他就指着关帝像说：“有关帝在此，谁敢营私？周将手中有锋利的钢刀，谁敢胡来？”说罢哈哈大笑，这样一来，大家都知道张鹏翮是不会徇私情的，因此也就不好意思再向他求私情了。

不慕钱财，秉公办事，这是清正；不怕威胁，如实断案，这是公正；不徇私情，尽心为国，这是廉正。有了这三“正”，一个人就能正气凛然，出污泥而不染。难怪雍正皇帝称张鹏翮为“志行修洁，风度端凝”的一代完人。

宋庆龄信守诺言

> 尊严是文明，但又像一层贴在脸上的东西一样容易脱落。
>
> ——陈家琪

宋庆龄（1893～1981），广东文昌人，曾任中华人民共和国名誉主席。

全国解放后的一天，一个幼儿园接到通知，说宋庆龄老奶奶要来看望孩子们。大家听了，都非常高兴。大家把室内外打扫得干干净净，孩子们都换上了新衣服。一切准备就绪，只等宋奶奶光临。

俗话说，天有不测风云。糟糕，天起风了。霎时间，飞沙走石。大家议论开了："宋奶奶可能不会来了。"宋奶奶真的不会来了吗？"笛笛"！大门口汽车喇叭响了。是宋奶奶来了！她不顾寒冷，冒着漫天风沙来了。

宋奶奶笑容满面地走下汽车，走到孩子们中间。一位老师怀着歉疚的心情说："天气不好，您就改个日子再来嘛！"宋奶奶摇了摇头，认真地说："不，我不能失信，我应当遵守诺言！"宋奶奶给大家讲了她小时候的一件事。

一次，她的同学小珍约她第二天教叠花篮。第二天早晨，爸爸叫醒了宋庆龄，对她说："今天上午，我们全家到李伯伯家作客，你快起来穿衣服。"宋庆龄听了很高兴，李伯伯家的鸽子最好玩啦！

吃早饭时，她突然皱起眉头发愁了。妈妈奇怪地问："庆龄为什么不高兴啊？"宋庆龄坚定地说："今天上午，我哪也不去了！"爸爸惊讶地问："为什么？"宋庆龄便告诉爸爸妈妈，小珍今天约她教小珍叠花篮。爸爸听了不以为然地说："唉，过几天学也可以嘛！明天见她，向她解释一下不就可以了吗。"宋庆龄想了想说："不，你们去吧，我在家里等小珍，我不能失信。"

爸爸没办法，为难地问妈妈："我们的罗莎蒙黛（宋庆龄的英文名字）好认真哩！你看怎么办？"妈妈在中学当老师，她瞧瞧女儿说："按罗莎蒙黛自己的意愿做吧，孩子是对的。中国有句格言：'言必信，行必果'，嘛！"爸爸被说服了，同意宋庆龄留在家中。

宋庆龄回到书房，复习功课。9 点、10 点，她耐心地等待着自己的同学。11 点了，小珍还没有来。中午了，小珍大概不会来了，宋庆龄感到十分失望。

门开了。宋庆龄急忙抬起头来。"罗莎蒙黛，亲爱的女儿……"原来是爸爸妈妈他们回来了。宋庆龄跑过去拉着爸爸的手问："玩得好吗？""好极了，遗憾的是你没有去。"妈妈走过来问："你的朋友来了吗？""没有来"，宋庆龄回答。爸爸一跺脚，大声说："唉，早知道她不来，就不等她了！"没想到，宋庆龄摇了摇头，慢慢地说："爸爸，不对。她没来，我也要等。虽然没等到，但我心里却非常坦然！"

这就是宋庆龄幼年时期遵守诺言的故事。后来，她终生都要求自己恪守信用，决不食言。孙中山逝世后，她继承了孙中山遗志，一生都在为实现孙中山的理想而奋斗，并成为一位伟大的共产主义战士。

徐特立解析断指血书

没有自尊心的人，即近于自卑。

——莎士比亚

徐特立是中国伟大的教育家，他的左手少了一个指头，是他自己亲手砍下来的。这是怎么一回事呢？

有一天，徐特立的女儿说："爹爹，您是中国共产党里年纪最大的'中央五老'之一，又是毛主席当年的老师，大家都很尊敬您。大家对您当时在学生面前砍下手指写血书，有种种传说。有人说您写了'驱除鞑虏，恢复中华'8个字，有人说您写的是'请开国会，断指送行'，到底写的是什么？您能告诉我吗？"

徐特立老人的女儿，同时也是他的秘书。徐老知道，女儿问这事，是在积累他的传记资料，就说："两样都不是！"

他抚摸着自己的左手，说："'驱除鞑虏，恢复中华'这是孙中山先生在海外建立中国同盟会提出来的纲领，下面还有8个字是'建立民国，平均地权'。那时候，清政府对革命党人镇压很严，孙中山他们只能在海外华侨中宣传革命主张。我当时只是一个教师，怎么可能在国内血书这种激进的民主革命的口号呢？官府逮了就杀头的。"

徐特立接着说："'请开国会'，这是康有为、梁启超他们提出来改革清朝政治的要求。康、梁曾经使我很信服，可是他们跟孙中山闹对立，而我已经倾向孙中山先生了。”

接着，徐老说：“我为什么断指呢？就是为了激励我的学生，起来反对洋人的侵略。那时，我担任周南女子师范学校校长，兼善化小学堂的校长。一天，发现一位姓苏的女生在哭，她是善化县苏知县的女儿，她告诉我，她的爸爸被革职了。什么原因呢？原来外国人要在湖南辰州盖教堂，占了老百姓的地，引起了冲突，清政府杀了十几名无辜的百姓，还将一名小官吏押到长沙来杀了。苏知县哭了一场去收尸，就丢了官。1906 年在江西也因为同样的风波，革掉了一个知县。我在学校给学生讲述这些惨痛的事，为了表示对帝国主义的愤恨和雪耻的决心，就用菜刀砍断自己左手一个指头，顿时血流不止，我昏倒了。这时，有人竟用我流的血，写了‘请开国会，断指送行’的血书，宣传君主立宪的主张。”

“如果写资料，一定要以诚实的态度，实事求是地写：我断指血书只是为了激励学生反对帝国主义的侵略。”接着徐老意味深长地说了一段话：“一个人最怕不老实，青年人最可贵的是老实作风。‘老实’就是不自欺欺人，做到不欺骗人家容易，不欺骗自己最难。‘老实作风’就是脚踏实地，不占便宜。世界上没有便宜的事，谁想占便宜谁就会吃亏。”

不屈不挠

柳下惠不惧免官

士可杀不可辱。

——《礼记·儒行》

柳下惠本姓展，名获，字禽，是春秋时期鲁国人。

柳下惠本是鲁孝公的儿子公子展的后裔，被封在一个叫“柳下”的地方，“惠”则是他的谥号，所以后人称他为柳下惠。柳下惠被公认为中国柳姓的始祖。

柳下惠曾在鲁国担任士师。士师是掌管刑狱诉讼的官。柳下惠为人刚正不阿，不会逢迎，因而得罪了权贵，竟接连3次被罢官。因为他道德高尚，学问渊博，名满天下，各国诸侯听说后，都争着以高官厚禄礼聘他，但都被他一一谢绝了。有人问他这是为什么，他回答道：“如果刚直不阿，到哪儿还不得让人罢了3次官；如果逢迎苟合，又何必离开父母之邦呢？”

这样一来，柳下惠的名气更大了。

有一年，齐国的国君派人向鲁国国君索要鲁国的传世之宝——岑鼎。鲁庄公舍不得，却又怕得罪强大的齐国，便打算用一只假鼎冒充。但齐国的使者说："我们不相信你们，只相信以刚正不阿闻名天下的柳下惠。如果他说这只鼎是真的，我们才放心。"鲁庄公听了，只好派人去求柳下惠帮忙。柳下惠说："信誉是我一生唯一的珍宝，我如果说假话，那就是自毁珍宝。这样的事我怎么能干呢？"鲁庄公无可奈何，只得将真鼎送往齐国。

柳下惠退居柳下后，招收弟子，传授文化、礼仪，深受乡人爱戴。

柳下惠死后，葬在汶水之阳。他的坟墓历来受到人们的保护。秦始皇攻打齐国时，秦军路过柳下惠墓地，秦始皇下令说："有去柳下惠墓地采樵者，杀无赦。"

清光绪二十八年（1902），泰安知县毛蜀云曾3次整修柳下惠的坟墓，在四周立上了界石。为了防止汶水冲蚀，还在坟墓的南、西、北三面筑上土堤，在坟墓的东南垒石坝30丈加以保护，并植杨柳千株，人称"碧玉千树，青丝万条"，为泰安一景。

孟子非常推崇柳下惠，把柳下惠和伯夷、伊尹、孔子并称为"四大圣人"。他认为柳下惠不因为君主不圣明而感到羞耻，不因官职卑微而辞官不做；身居高位时不忘推举贤能的人，被遗忘在民间时也没有怨气；贫穷困顿时不忧愁，与乡下百姓相处也会觉得很愉快；和任何人相处都能保持不受不良影响。听了柳下惠为人处世的态度，原来心胸狭隘的人会变得宽容大度，原来刻薄的人会变得老实厚道。因此，孟子认为像柳下惠这样刚正不阿的圣人，是可以成为百世之师的。

董宣硬颈震京城

> 志士仁人，无求生以害仁，有杀身以成仁。
>
> ——《论语·卫灵公》

东汉初年，在京城洛阳，有位被人称为“强项令”的最高行政长官，他就是廉正刚直、宁折不弯的“硬脖子”董宣。

东汉建都洛阳后，许多皇亲国戚、功臣显贵居功自傲，耀武扬威。其中开国皇帝刘秀的大姐湖阳公主更是目空一切，连续几届洛阳令都拿她没办法。刘秀本人对洛阳的治理也颇感头痛，最后，任命年近古稀、须发花白的董宣担当洛阳令的职务，这年他已69岁。

开始，京城的权贵们谁也没把这个“糟老头”放在眼里。一天，公主的恶仆在街上闲逛，因为一点小事和人发生口角，结果不由分说就把那人给杀了。董宣知道了这件事，就立刻下令逮捕那个恶仆。那恶仆知道惹了祸，就躲进湖阳公主的宫中不出来，董宣派人昼夜监视公主的住宅，并下令：只要恶仆一出来，立即逮捕。不久，监视的人回来报告说，犯人跟公主的马车一同出来了，只是公主在场，没办法下手。董宣一听，立即带人拦住了公主的马车。湖阳公主坐在车上，看着这个拦住自己马车的白胡子老头，傲慢地问道：“你是什么人？竟敢拦我的车！”董宣上前施礼，恭敬地说：“我是洛阳令董宣，有人报告杀人罪犯正藏在您的车队中，请公主把他交给我。”犯人在马队中感到不妙，赶紧钻进公主车里，躲在公主身后。公主一听，小小的洛阳令竟毫不客气地向她要人，不屑一顾地说：“你长了几个脑袋，敢拦我的车抓人，好大胆子！”看到湖阳公主这样蛮横，董宣猛地从腰中拔出宝剑，严厉地责问说："公主身为皇亲，为什么不守国法，竟然庇护杀人凶手呢？"湖阳公主被董宣的凛然正气给镇住了，一时目瞪口呆，不知所措。董宣毫不犹豫一声令下，洛阳府衙的军士一拥而上，把杀人犯从公主车中拽了出来，当场斩首。

这下子可惹怒了公主，她不仅失了个奴仆，更因为光天化日之下丢了面子。她狠狠瞪了董宣一眼，调转车头直奔皇宫。见到刘秀，湖阳公主又哭又闹，非要让刘秀马上杀了董宣为自己出口恶气。光武皇帝听了湖阳公主的哭诉，心里顿时大不痛快。他马上召董宣入宫，让卫士当着湖阳公主的面用鞭子抽打董宣。董宣面无惧色冲着刘秀大声说："皇上不必如此，待我把话讲明，死也无妨。"刘秀一脸不高兴地说："你当众冲撞了我姐姐，罚你不应该吗？"董宣严肃地说："皇上乃大汉朝的中兴之主，向来注重德行，您自己说过要用文教和法律来治国，现在公主在京城纵奴杀人，皇上不但不加管教，反而责打执法的臣下，国法还有没有用？日后谁还当这个洛阳令？现在我说完了，皇上也不用打，我现在就死！"说完，挺着脖子就朝殿上的大柱子撞去。两边的卫士一下没拉住，董宣早已撞得头破血流。光武帝早已被董宣的话打动，赶紧叫人将董宣死死抱住，并说："董宣，你只要给公主磕个头，赔个不是就行了。"可董宣偏不妥协，他说自己没错，宁死也不磕这个头。刘秀想给姐姐一个台阶下，就让站在身后的内侍去按董宣的头，董宣就用两只手撑地，硬挺着脖子不让头低下去。内侍们被董宣的浩然正气所震动，看出皇帝只是给公主下个台阶，所以按了几下就说："皇上，董宣的脖子太硬，实在按不下。"刘秀听了，情不自禁地笑出声来，随即挥了挥手，将董宣放了。

湖阳公主亲眼看完这惊心动魄的一幕，知道董宣舍身护法，连皇帝也不怕，并不是专门使自己丢面子，气也就消了一半。刘秀乘机劝服了湖阳公主，平息了这件事。

从此"强项令"、"硬脖子"的美名传遍了京城，权贵们顿时规矩多了。当时洛阳流传着一句民谣："桴鼓不鸣董少平"。意思是说：董宣当洛阳令，没人敢胡作非为，所以也就没人去府衙击鼓鸣冤了。

不畏权贵，舍命护法，"硬脖子"董宣留给后人多少启示啊！

袁涣拒辱前主

石可破也，不可夺其坚；丹可磨也，不可夺其赤。

——《吕氏春秋》

东汉末年，天下大乱，群雄混战。曹操、刘备、袁绍、袁术、吕布等都是群雄之一。名士袁涣曾追随过刘备，后来又跟了袁术，现在则是吕布的手下了。

袁涣，字曜卿，陈郡扶乐人。当初，刘备担任豫州刺史时，特地举荐袁涣为茂才。

茂才就是秀才。东汉时，为了避讳光武帝刘秀的名字，将秀才改为茂才，后来有时也称秀才为茂才。

那时，吕布和刘备是死敌，吕布见袁涣有学问，就命令袁涣写封信骂刘备。这在袁涣真是一件极难的事，因为刘备曾是他的老上司，写信骂刘备在道义上是说不过去的，于是袁涣就推辞不写。吕布又让他写，他又推辞。吕布见他不写，气急败坏，抽出腰刀，威胁道："快写！如写便罢，如不写就杀了你。"袁涣笑道："我只听说过用道德去羞辱别人，没听说过用骂可以羞辱人。你可以骂他，但是假如他是个君子，那他会更加瞧不起你；假如他真像你说的那样，是个无耻的小人，那你就是再骂他，他也会毫不在乎的。再说，刘备曾经是我的上司，那时我对刘备就像现在对你一样忠诚！假如有一天，我们不是上下级关系了，那时要是我写信骂你，你心里会好受吗？"吕布听了，收起了腰刀，没有杀他。

后来袁涣离开吕布，跟随曹操，做了郎中令。

那时，曹操和刘备也是死敌。有一天，忽然传来一个消息，说刘备死了。袁涣的同事纷纷向曹操贺喜，只有袁涣没有去贺喜。曹操不但没有生气，反而更加敬重袁涣了。

后来，袁涣死时，曹操这么刚强的人也哭了，特地赐给他家2000斛谷子，分成2份，一份上写着："以太仓谷千斛赐郎中令之家。"另一份上写着："以垣下谷千斛与曜卿家。"大家都不明白这是为什么？曹操解释道："太仓谷是公家给的，垣下谷是我给的。"

后来，曹操听说当年袁涣拒绝为吕布写信骂刘备的事，就问袁涣的弟弟说："你哥哥这人怎么样？"袁涣的弟弟回答说："他平时非常老实，但当他遇到与道义相关的事时，总是刚正不阿。"

满宠不畏权贵

纵死犹闻侠骨香。

——王维

满宠是山阳昌邑（今山东巨野昌邑）人，是三国时期魏国的著名将领。

满宠从小习文学武，是文武全才。18岁时，满宠开始在本郡担任督邮。督邮是官名，始置于西汉中期，是郡守的属吏，凡传达教令、督察属吏、检核刑狱等事，无所不管。

满宠担任督邮后，忠于职守，多次为百姓伸张正义。

当时，郡内李朔等人拥众自恣，为害百姓。太守命令满宠前去纠察，满宠立即率兵前往。李朔闻讯，大吃一惊。他知道满宠刚正不阿，绝不会轻饶他的。于是，急忙率众前去请罪，并表示不再为害乡里。

不久，满宠因功升任高平县令。高平县人张苞担任郡中督贪污受贿，干扰县中政务。满宠认为自己是百姓的父母官，不能坐视奸人横行，便派人将张苞逮捕，并进行拷问。

不料，张苞因受拷问，竟死在监狱中。满宠无可奈何，只得弃官而归。

汉献帝初平三年（192），曹操率大军到兖州后，满宠因耿直之名闻于远近，被聘为从事。

从事是官名，是刺史的佐吏。汉武帝初设刺史时，以从事为刺史属吏。刺史辖几郡即设几人，每人主管一郡的文书，察举非法之事。汉朝末年，刺史的权力加大了，从事名目也更多了。文的有文学从事、劝学从事等，武的有武猛从事、都督从事等，均由刺史自行聘任。

汉献帝建安元年（196），曹操升任大将军，见满宠刚正不阿，能独当一面，便让满宠去担任许县县令。

当时，曹操堂弟曹洪担任将军，其亲戚依仗权势，在许县多次犯法，无一人敢过问。满宠不畏权贵，将这些犯法的人都捕起来，关入狱中。

曹洪闻讯后，写信给满宠，请求将这些人释放，满宠不听。

曹洪又上报曹操，请曹操出面解救。曹操前往许县，准备为曹洪说情。

满宠听说后，立即将犯罪的这些人全杀了。曹操知道后，没有发怒，反而高兴地说："这件事不正应该这样处理吗？"

建安二年（197）9月，太尉杨彪因与袁术联姻，引起曹操忌恨，便将其逮捕，准备以大逆罪将其处死，并令满宠进行审问。

杨彪是当时的名士，因婚姻之事被捕又是冤枉的，所以尚书令或少府孔融等人都来见满宠，为他说情，并嘱咐说："问一问就行了，千万不要用刑。"满宠知道曹操的为人，为了救杨彪，他在审讯中照旧用了刑。

几天后，满宠求见曹操进言道："杨彪已经拷问过了，并无其他动机。此人有名于海内，若无罪受罚，必大失民心，我正在为明公担忧呢。"曹操一听，见已对杨彪用刑，自己也解了心头之恨，便下令将他释放了。

当初，荀或、孔融听说满宠拷打杨彪，都发怒了。后来，听说杨彪因此而被释放，这才暗暗感激满宠。

天下模楷李元礼

身无半文，心忧天下；手释万卷，神交古人

——左宗棠

李膺（110～169），字元礼，东汉颍川襄城（今属河南）人。生于官宦之家，其祖父李修在东汉安帝时官至太尉，父李益曾做过赵国相。

李膺以孝廉出仕，他为人清简，很少交友，但所交皆为有志操的人士。李膺疾恶如仇，为官执法公正严明，那些仗势欺人、横行不法的官僚及其门人子弟都非常惧怕他，贪赃枉法的官吏更为他的威名所惧。李膺出仕后，受到当时任司徒的胡广的举荐，很快就升迁，出任青州刺史，辖有6郡70多县，其郡守县令加起来有80多人。李膺到任时，只有任乐安太守的陈蕃因清正廉明、问心无愧而照常处理公务，其他人都因有劣迹，害怕李膺惩治，或告病在家，或弃官而去。

李膺也是一个很有军事指挥才能的人，他任乌桓（古族名，东胡族的一支）校尉时，鲜卑人屡次侵扰边境，李膺亲自率军迎击，每次都得胜而归。一次，李膺率军冲入敌阵，身先士卒，奋勇拼杀，身上多处被砍伤，但他全然不顾，擦干血迹继续作战，直到把敌人打得溃不成军，这次战斗杀敌2000余人。此后，鲜卑人一听李膺的名字就望风而逃。

李膺做官，由于秉公办事，不徇私情，也不会讨好上下级，所以结怨不少，屡次遭人中伤陷害，后来以莫须有的罪名被免官回乡。李膺回到家乡后，开始招收生徒，讲授经学，门生最多时达到千余人。然而，并非什么人都可以到他门下求学。一次，南阳（今山东泰山以南、汶河以北一带）

樊陵看重李膺的声望，想前来拜师求学。但李膺一见他，交谈几句后便断定他是个专事阿谀、心术不正的小人，当即拒绝接纳。樊陵后来靠巴结讨好宦官飞黄腾达，官至太尉，但为有节操的志士所不齿。李膺因自己的品德高尚、坚持正义而威名日重。虽然他已被免官，归乡闲居，但还是有不少的人慕他的才德前来拜望他。有一个叫荀爽的人，把李膺看作自己心中的楷模，因而专程来到李膺家探望他。但赶得不巧，李膺正好要出门，荀爽不愿放过和李膺交谈的机会，就从自己的车上下来，把李膺的车夫请下来，自己上车亲自为其驾车，两人边走边谈。李膺办事，他就在外面恭恭敬敬地等着。事毕他又驾车将李膺送回家。后来回到自己的家里，荀爽还高兴地告诉家人和朋友们，他曾亲自为李膺驾车。天下人士追慕李膺，以他为楷模的情景由此可见一斑。

李膺在边关树起的威名经久不衰。永寿二年（156），鲜卑人侵扰云中（今内蒙古托克托东北）。桓帝听说李膺有才能镇守边关，便恢复了他的官职，并升任他为度辽将军。李膺到任前，羌族人以及西北的疏勒、龟兹曾多次攻掠张掖（今甘肃河西走廊中部）、酒泉（今甘肃河西走廊西部）、云中各郡，虏掠走不少百姓。李膺刚到边关复任，他们就立即将掳掠的百姓悉数送回到边关前，可见李膺的威严影响之大，他的声名也远播在边境各少数民族人民之间。

延熹二年（159），李膺被调任河南尹，当地有一豪强，横行不法，搞得全郡鸡犬不宁。李膺上表请求对其治罪。但那豪强用钱财买通了宦官，又恶人先告状，反将李膺诬陷下狱。幸亏有一位叫应奉的官员上书陈述实情，李膺才得以获释出狱。

李膺任司隶校尉时，仍志节不改，一如既往地惩治贪官恶霸。宦官张让的弟弟张朔，当时任野王（今河南沁阳）县令。他贪婪残暴，多行不法之事。一次，他看上一名姿色不错的妇人，便要强行将其抢夺回家，谁知那妇人已有身孕，因奋力反抗，促成早产，大量出血而死。张朔惧怕李膺办他的罪，事发后便跑到其哥哥张让家中藏匿。张让虽然在朝中很有权势，但也害怕李膺，于是便把张朔藏在其府的连接两间屋子的一根剖空的大柱子中间。李膺接到被害者家人的控告后，马上派人侦察。得知张朔藏在其兄张让家中，立刻带人前去搜查，终于从柱子中将张朔揪出，把他押回洛阳衙门中。审讯完毕便将其处死。张让知道后，马上向桓帝哭诉。于是，桓帝召李膺上殿，责问他："为什么不报请朝廷就随便定罪杀人?"李膺回答说："古时候，王公贵族有罪，即便君主饶恕他，主管的官员也要依据法律而行。孔子做鲁国司寇时，到任7天便杀了少正卯。现在我到任已有10天了，杀一个人是在情理之中的。我到任这么长时间了还不能惩治恶人，心里非常着急，没想到陛下还怪罪我杀人杀得太快了。我自知自己一动就获罪，但乞求陛下留我5日，把元凶惩处掉再治我的罪，那时伏罪而死也心甘情愿了!"桓帝无言以对，只好任李膺这样处理。但张让从此对李膺怀恨在心。延熹九年(166)，张让伙同其他宦官及其弟子诬告李膺交结太学游士，广揽诸郡生徒，结为朋党，诽谤朝廷，李膺因此入狱。与李膺有关系的200多人，也被定为"党人"，前后收捕下狱。

由于李膺手中有很多宦官亲属行不法之事的把柄，所以他们又怕他在狱中说出去，便向桓帝说："现在天时不正常，应当大赦天下了。"桓帝对宦官唯命是听，就宣布大赦。但对赦免之人，不准再出来做官，禁锢其终身，这便是东汉第一次"党锢之祸"。李膺出狱后，只能归乡闲居，隐居不出。后来，建宁二年（169）曾打击过宦官势力的山阳督邮张俭被宦官诬告为有结党之罪而受追捕。受到牵连的"党人"竟扩大至600多人，李膺是其中之一，这就是东汉第二次"党锢之祸"。此时李膺已60多岁了，乡中有人听到这个消息立刻赶来告诉他，并劝他暂避一时。然而李膺认为死生有命，不必东躲西藏。于是束手就擒，被捕入狱，最终悲惨地死于狱中。

张说不作假证

立志不坚，终不济事。

——朱熹

张说，唐代人，武则天称帝后，他是宰相魏元忠部下的官员。他为人正直，不畏权势，不替权奸作伪证陷害忠良的行为，表现出高尚的品格。

公元690年，武则天即位以后，最宠幸“二张”即张昌宗和张易之。这两个人十分奸佞，权势很大，满朝文武都怕他们三分。可是宰相魏元忠却不把他们放在眼里。魏元忠还在洛州当刺史的时候，张易之的一个仆人仗势欺人，残害百姓，洛阳官员因他是张易之的人，谁也不敢处置他。魏元忠知道了此事，就把他抓起来打死了。张易之怀恨在心。魏元忠当了宰相以后，武则天想把张易之的弟弟张昌期任命为长史，一些大臣为了迎合武则天，都称赞张昌期能干。魏元忠却说张昌期不适合当此重任，武则天因此就没有提拔张昌期。

因此，张昌宗、张易之把魏元忠视为眼中钉，千方百计想把他除掉。他们就在武则天面前诬告魏元忠，说魏元忠曾经在背后说：“太后老了，不如跟太子靠得住。”武则天一听大怒，就把魏元忠抓起来，打进了监牢，还要亲自审讯他，并且要张昌宗、张易之当面对证。

张昌宗怕此事败露，又想出一个毒计，想找一个假证人陷害魏元忠。他们想来想去，最后物色到魏元忠部下的官员张说。他们派人把张说找来，逼迫他答应此事，并答应他事成之后，不仅给他重赏，还要提拔他。张说明知魏元忠冤枉，但是又害怕他们的权势，虽然答应了，但思想斗争得很厉害，他知道这将关系到他个人的生死存亡。

第二天，武则天上朝，召集文武官员、太子和宰相，要张昌宗和魏元忠当面对质。魏元忠没做此事，坚决不承认，二人争论起来，半天没有结果。于是张昌宗就对武则天说："魏元忠部下的张说就听到过这些话，可以把他找来作证。"武则天立刻传令让张说进宫。官员们都知道发生了什么事，听说张说要上朝作证，大家都非常担忧。一个叫宋璟的官员见到张说，对他说："此事关系甚大，千万不要附合奸臣，陷害好人啊！一定要说真话，即使得罪了太后，被流放，脸上也光彩。一个人的名誉是最可贵的。"还有一个叫刘知几的史官也提醒张说道："不要玷污你的清白，不要连累后代子孙呵！"

张说听了大家的一番话，心里拿定了主意，胆气也壮了起来。他神情严肃，不慌不忙地上了朝堂。

武则天问他说："你听到魏元忠诽谤朝廷的话了吗？"

魏元忠一见张说，就大叫起来说："张说，你想跟张昌宗一起诬篾好人吗？"

张昌宗在旁边威胁催促张说说："你别去理他，不要害怕，赶快大胆作证！"张说一见这种情景，就势向武则天说道："陛下请看，在陛下面前，他还敢这样胁迫我，可以想见他在宫外是怎样霸道了。我不能不说实话了，我确实没有听到魏元忠说过反对陛下的话，是张昌宗逼迫我来作假证的。"

张昌宗一见张说变了卦，气急败坏地叫了起来："好你个张说小子，你是魏元忠的同谋犯。"

武则天是个聪明的人，听了张说的话，明知魏元忠的确冤枉，但她又不愿让张昌宗他们下不了台，就斥责张说说："你真是反复无常的人。"并下令把张说也抓起来。

事后。武则天又多次派人审讯张说，可是张说已经横下一条心，坚决不作伪证。武则天虽然没有抓住魏元忠谋反的证据。但还是撤了他的职务，又把张说判了流放罪。不久，宰相张柬之和一官员趁武则天病重，夺了禁卫军兵权，把张昌宗和张易之等都抓了起来，把武则天也赶下了台。

李白蔑视权贵

安能摧眉折腰事权贵，使我不得开心颜！

——李白

李白（701～762），字太白，号青莲居士，又号“谪仙人”（贺知章评李白，李白亦自诩），汉族，祖籍陇西成纪（现甘肃省静宁县），一说其生于中亚西域的碎叶城（在今吉尔吉斯斯坦首都比什凯克以东的托克马克市附近），4 岁迁居四川绵州昌隆县（今四川省江油市，这种说法以郭沫若为代表）；一说其生于四川省江油市青莲乡。他是我国唐代伟大的浪漫主义诗人，被后人尊称为“诗仙”，与杜甫并称为“李杜”。其诗风格豪放飘逸洒脱，想象丰富，语言流转自然，音律和谐多变。他善于从民歌、神话中汲取营养素材，构成其特有的瑰丽绚烂的色彩，是屈原以来积极浪漫主义诗歌的新高峰。韩愈云：“李杜文章在，光焰万丈长”（《调张籍》）。唐朝文宗御封李白的诗歌、裴旻的剑舞、张旭的草书为“三绝”。李白的剑术在唐朝可排第二（在裴旻之下），但是，如果李白弃文从武，专心研究剑术，相信是不会亚于裴旻的。他与李商隐、李贺 3 人并称唐代“三李”。李白在年轻的时候是一位路见不平、拔刀相助的侠士（这与他的三大思想之一的侠士思想有关），《野史》上有若干关于这方面的记载。

李白出生于盛唐时期，他的一生，游历遍迹了大半个中国。李白不愿应试作官，但诗名远播，诗歌在当时已经唱响天下。他曾给当朝名士韩荆州写过一篇《与韩荆州书》，以此自荐，可历史上没有韩荆州对于李白的回复。直到天宝元年（七四二），因道士吴筠的推荐，被召至长安，供奉翰林，文章风采，名震天下。杜甫《饮中八仙》里就有“李白一斗诗百篇，长安市上酒家眠。天子呼来不上船，自称臣是酒中仙”的奇句。在当时封建王朝复杂历史的背景下，李白又因才气为玄宗所赏识，后因不能见容于权贵，在京仅三年，就弃官而去，仍然继续他那飘荡四方的流浪生活。安史之乱发生的第二年，他感愤时艰，曾任永王李璘的幕府。不幸，永王与肃宗发生了争夺帝位的斗争，兵败之后，李白受牵累，流放夜郎（今贵州境内），途中遇赦。晚年漂泊东南一带，依当涂县令李阳冰，不久即病卒，一说喝醉了酒，在水中捞月亮而死。

天宝元年，李白得到了征召入京的诏命，因为名声显赫和文才非凡，玄宗起初对他颇加礼遇，不仅请他吃饭，而且“亲为调羹”。但他仍保持着向往自由、蔑视权贵的性格。他常常在长安市上游冶饮酒，有时酩酊大醉，需左右侍从用清水洗脸，才慢慢醒过来。有一次，借着酒意，竟让受宠备至的高力士给他脱靴，使高力士对他十分怨恨、恼怒，摘出李白《清平调》中“可怜飞燕倚新妆”之句来刺激杨贵妃。后来李白终于高吟着“凤饥不啄粟，所食唯琅玕，焉能与群鸡，刺蹙争一餐”的高傲诗句，离京东去。

宰相不做佞人客

水不明则腐，镜不明则锢，人不明则堕于云雾。

——（明）冯梦龙

宋璟，邢州南和（在今河北省）人，在武则天、唐中宗、唐睿宗、唐玄宗四朝做官，几上几下，最后出任唐玄宗宰相。他为人正直，被称为唐朝四大贤相之一。

当时，有个叫王毛仲的，是唐玄宗的宠臣，百官都逢迎趋附他，像车轮上的木条向轴心集中一样。

原来，王毛仲是高丽人，年幼时因父亲违法，全家没入官府为奴，王毛仲成了当时临淄王李隆基的奴仆。因其聪明机智，骁勇过人，善于骑射，长大后升为李隆基的贴身侍从，极受器重。后来，王毛仲在唐玄宗发动政变消灭韦氏集团时立过大功，因而升任太仆，成为红极一时的人物。

这年，王毛仲的女儿要出嫁了，唐玄宗关心地问王毛仲道："听说爱卿的女儿要出嫁了，还缺什么啊？"

王毛仲叩头说："万事俱备，只缺贵客了。"唐玄宗说："张说他们不都请动了吗？"王毛仲回答说："他们是请动了。"唐玄宗一听这话，笑了笑说："朕知道爱卿请不动的那一位是谁了，一定是宋璟吧？"王毛仲回答说："正是。"唐玄宗笑着说："朕明天为爱卿请他出席婚礼。"

第二天，唐玄宗对宋璟说："朕的家奴王毛仲有儿女婚事，爱卿就和其他大臣到他家去一趟吧。"宋璟见皇上亲自相邀，只得答应了。

举行婚礼这天，都已经到中午了，众宾客在王毛仲的宴席上还不敢动筷子。原来，他们在等宋璟呢。又等了好久，宋璟才到。他先举杯向皇上所在的方向致敬，然后请大家开宴。开宴后，他刚饮了一小口酒，就起身说肚子不舒服，离席回相府了。

宋璟就是这样刚正不阿，对皇上面前炙手可热的红人也不逢迎、不趋附。

道同为廉抛头颅

孩子是要别人教的，毛病是要别人医的，即使自己是教员或医生。但做人处事的法子，却恐怕要自己斟酌，许多人开来的良方，往往不过是废纸。

——鲁迅

明太祖朱元璋时，有个叫道同的人在番禺，也就是现在的广州做县令。由于他不畏强权，勇于为民做主，严惩民贼，深受老百姓的爱戴。当时，番禺被官场上的人称为“烦巨”，意思是很难治理的地方，土豪劣绅气焰嚣张，地方恶势力专横跋扈，就连州县衙门中的官吏也时常受他们欺侮。所以，官场中人都不愿在“烦巨”为官。

道同做了番禺的知县后，从不畏惧那帮豪强恶霸。当地有一伙地头蛇，长期以来凭借暴力强行购买民间的各种珠宝玉器，然后到外地高价出售，从中牟取暴利。凡是对他们不满或稍加抵制者，便会受到莫名的陷害，轻则破财入狱，重则家破人亡。道同一上任，就收到许多告这伙强贼的状子，经多方调查，证据确凿，于是，道同就派人把这伙土豪恶霸的头子捉拿归案，在县城最热闹的地方游街示众。一时间商人和老百姓都拍手称快，狠刹了那伙坏人的气焰。

正在此时，土匪出身的永嘉侯朱亮祖被朝廷派到广东驻节番禺，那些土豪恶霸暗地里用大量的金银珠宝贿赂朱亮祖，请他出面为被抓的贼首开脱。朱亮祖收了财物，便在自己府中摆下盛宴，请道同来吃酒。酒过三巡时，朱亮祖用轻松的口吻说：“你抓的那几个人，不过是些守法商人，想多挣几个钱，有时做事不够检点。现在既然已经处罚了他们，就放了算了。”道同向朱亮祖拱了拱手，十分严肃地说：“大人有所不知，这些人强买强卖，扰乱市场，长期为非作歹，不可轻饶。大人是朝廷重臣，怎能受这班小人驱使，此事不能这么轻易了结。”朱亮祖没料到一个小小的知县，竟敢不领自己的人情，还当面指责自己，顿时面沉如水，撤了酒席，把道同赶了出去。随后，便指使打手冲到县衙，打伤看守，砸开牢狱，放走了强贼。然后，又借口把道同抓来，狠狠打了一顿，他想，这回我看你道同老不老实，还敢不敢顶撞我这个朝廷大员。

看到道同受欺侮，土豪恶霸们更来劲了，心想这回有朱亮祖为他们撑腰，可以明目张胆地欺压百姓，为所欲为了。于是他们争先贿赂朱亮祖，想背靠大树好乘凉。朱亮祖的两个大舅子，更是胆大包天，到处欺男霸女，扬言谁不服，就把谁满族灭门。但是，道同偏偏不怕这伙儿坏蛋，派人把那两个恶棍抓了起来。朱亮祖一听说此事，顿时兽性大发，公开派打手冲进县监狱，抢走了在押的罪犯。

面对这目无法纪，人多势众，气焰嚣张的朱亮祖，道同抑制不住满腔怨愤，连夜奋笔疾书，历数朱亮祖的种种恶行，上奏朝廷。然而，狡诈的朱亮祖已经料到道同会走这步棋，便来了个恶狗先咬人，提前也写了一封奏章，星夜送往朝廷。他在奏章中编造罪行，诬陷道同在番禺独霸一方，妄自尊大，根本不把朝廷放在眼里，还常常出言不逊，诽谤皇上，辱骂公侯，欺侮乡绅……明太祖朱元璋看到朱亮祖的奏章，信以为真，顿时龙颜大怒，立即派专使去番禺处死道同。

2 天以后，朱元璋又收到了道同的奏章。看完这封有理有据、义正词严的控诉书，大为震惊，明白自己上了朱亮祖的当，很可能会误杀忠良。朱元璋非常欣赏道同的胆量和刚直。他想，一个小小的知县敢于不畏权势向自己揭发一个封疆大吏的恶行罪状，气节可嘉，操行可敬。于是，他连忙派专使星夜兼程，追回前诏，赦免道同。

后派的专使奉命拼命赶往番禺，但还是晚到了几个时辰。他们汗流满面赶到县衙时，道同刚刚被处死。朱元璋得到禀告后，十分后悔，更加愤恨朱亮祖的丑行，不久就把他召回南京，查清了他在驻节番禺时的罪行，将他用鞭刑处死。

道同刚正不阿，冤屈而死，番禺人民十分怀念他，许多人把他的塑像供在家中，作为避邪除恶的神灵来拜祭。廉明刚直有时是需要抛头洒血的。但是，人民却永远不会忘记他。

黄道周慷慨就死

> 常思奋不顾身，而殉国家之急。
>
> ——司马迁

黄道周，明天启二年考中进士。崇祯时，因上疏得罪权臣被斥为民。在南明福王政权中，官至礼部尚书；唐王政权拜为武英殿大学士，在衢州抵抗清兵时，因战败被俘。黄道周被俘时，他的随从者都要与他同死。黄道周一再辞却他们说：“我是明朝大臣，成仁取义是我的本分，你们大家不必要这样。”人们还是不肯舍去。黄道周说：“你们都是明朝的臣民，也可以舍身取义；不过你们没有拿过朝廷俸禄，也可以不死。现在我就和你们告别了，不要都和我一起殉难，你们都有自己的父母妻子，你们要想想他们。”这样，多数随从与他挥泪告别，有 7 个人誓死不离。当时，清朝有这样的政策，对于坚决不肯顺服清朝的明朝遗臣，必须请示朝廷后才能行刑，不许任意处置。这样，黄道周和他的随从者都要在狱中等待。黄道周一进狱中就开始绝食，清军主帅怕他未刑先死，就千方百计劝他进食，但是他看也不看。又找来在南京做买卖的漳州同乡来以乡情劝慰他，还是不行。于是，同乡们陪他一起上街。先进饭馆，强劝他吃饭，他不吃；又进酒店，大家斟满酒来敬他。黄道周说：“酒是用来庆祝相聚的，现在咱们老乡亲们在一起喝点好不好？但是，就限3杯。”大家同声应诺。喝完3杯后，就又换一酒店，再饮3杯。就这样才使黄道周几天没有饿死。

临到就义那天的早晨，两名降清的官员按礼仪进来拜见，说：“为您贺喜。”黄道周明白他们的意思，笑着说：“确实是可喜的事，但你们怎能理解？”于是，他把这2个官员祖上所受朝廷的恩德说了一遍，痛斥他们对朝廷的背叛。2人灰溜溜地出去了。一会儿，黄道周乘车赴刑场，7个人跟随着他。途中，黄道周回头看了一眼后面车上的7个人，只见他们都吓得面无人色了。黄道周笑着和他们说：“害怕了吧？再忍一会儿就可成千秋之业了。”7个人振奋了精神，说：“对！”车到西华门，黄道周忽然从车上掉下来，一清军指挥连忙过来把他扶起来，安慰他说：“不要害怕。”黄道周一听，瞪大眼睛怒斥他说：“你说的什么话？黄道周是怕死的人吗？你不知这是皇帝辇车走的路，我怎能坐在车上过这里？我这是连日绝食脚下没劲儿，下车时才摔在那儿，我什么时候害怕了！”指挥立刻下跪赔礼，又说：“这里有成千上万的人瞻仰您的风貌，您也很疲惫了，就在这里成就大事好吗？”黄道周说：“好吧！”于是，就地设席，向南行礼。一个老仆人上来要求给黄道周家人留下绝命书，他犹豫了一会儿，就撕裂衣襟，咬破手指写道：“纲常万古，节义千秋。天地知我，家人无忧。”那7个人也写了一幅血书：“师存与存，师亡与亡。”黄道周挺起瘦弱的身躯，昂首就刑，大义凛然。刽子手的手颤抖起来，一刀下去没有将他砍死。刽子手大惊。连忙跪下请黄道周坐下就刑。这时，黄道周颈部已经被砍伤，鲜血淋漓。他点点头说：“行。”于是就坐在地上，从容就义了。

阿丑演戏谏皇帝

> 功同赏异则劳臣疑，罪均刑殊则百姓惑。
>
> ——班固

明宪宗时（1465～1488），太监汪直和王越、陈钺结成死党，在朝中专权，制造了许多冤案，被他们迫害致死的臣民无法统计，朝野一片怨恨之声。

可是，大臣们都束手无策，普通百姓更不用说了。原因很简单，明宪宗喜欢他们着呢！在宪宗的纵容下，汪直等人利用手中掌握的特务机构——西厂，捕人、杀人易如反掌，大臣们的命运都掌握在汪直的手中。

宫中有个叫阿丑的小官，看到这种状况十分忧虑。照此发展下去，明朝的江山不是要断送在他们的手里吗？公开与他们对着干，阿丑没有这么大的力量；在宪宗面前上奏弹劾，他官位太小，没有这样的权力。可是眼看着汪直横行下去，又很不甘心。他日夜想着办法，要挫挫这伙人的气焰。终于，他想出了一个主意。

有一天，阿丑组织了一个班子为宪宗演戏。阿丑很有演戏的才能，以前多次在宫中演过剧目，很受宪宗的赏识。

阿丑扮作一个喝醉了酒的人，东倒西歪地走上台来，嘴里骂个不停。这时，一个扮作小太监的人慌慌张张地走过来，向他报告说："太后来啦！"阿丑好像没有听见似的，继续大声骂人。不一会儿，另一个太监模样的人走到阿丑身边，跪在地上说："皇上驾到！"

阿丑仍然不予理睬。可是，当“小太监”对他说道“汪太监来了”时，阿丑吓得面如白纸，出了一身冷汗，酒也醒了，连跌带爬地躲藏起来。

那个“小太监”问道：“你阿丑连太后和皇帝都不怕，怎么害怕这个汪太监呢？”

阿丑东张西望地看了一阵，发现附近没有人，才小声地回话说：“这汪太监挺厉害，他控制着一个西厂，抓人、杀人只要一句话，朝廷中哪个人敢碰他？如果落在他手里，我阿丑还有命吗？”

明宪宗听到这里，微微一笑。

第二天继续演戏。

阿丑穿戴了同汪直差不多的衣冠，手里操着两把大斧，耀武扬威地上了台。合作演戏的人指着大斧问道：“你拿着两把大斧做什么？”

阿丑摇摇头说：“这哪里是一般的斧头？这是两把钺。”

演戏的人又问道：“这钺可有名字吗？”

阿丑冷笑不止地说：“你这个人真是个书呆子，连王越、陈钺都不认识吗？”

台下看戏的明宪宗又是微微一笑。

宪宗对汪直、王越等人的所作所为终于引起警觉，正在盘算着怎样处理他们。就在这时，御史徐镛上奏弹劾汪直等3人，罗列了他们专横跋扈、枉杀无辜、目无皇上的罪行，要求宪宗严厉处置他们。宪宗同意将他们3人削职为民。朝野顿时一片欢腾。

拜爵公朝不谢恩私室

懦弱愚蠢的人才好激动和大叫大嚷，聪明能干的人什么时候都应该保持自己的尊严。

——谢尔盖维奇

薛碹，山西河津人。他不但学问好，而且为人正派，刚正不阿。

明成祖永乐十九年（1421），薛碹考中进士，出任山东提学佥事后，曾建立白鹿洞书院学规，亲自讲学。有才者喜其渊博，无才者惮其威严，人们都叫他薛夫子。

明宣宗宣德（1426～1435）初年，朝中三杨很看重他，特地提升他到朝廷担任御史。三杨指杨士奇、杨荣和杨溥，都是明朝的贤相。

薛碹进京后，三杨托人打招呼想见他，薛碹并没有借此机会攀龙附凤，而是委婉地谢绝道："我负责弹劾督察，岂敢私谒公卿？"

三杨遭到拒绝后，不但不生气，见他刚正不阿，反而更加敬重他了。

明英宗正统（1436～1449）年间，明英宗幼时的贴身太监王振掌握了朝中大权。

正统八年（1443），王振为了培植自己的势力，向三朝元老、大学士杨士奇问道："我的同乡谁可以重用？"杨士奇推荐了薛碹。于是王振向明英宗推荐，提拔薛碹到大理寺担任少卿。

王振重用自己的老乡，显然是想在朝廷培植自己的羽翼。能和皇帝的第一号红人攀上老乡关系，对别的官员来说是求之不得的事。但薛碹升官后，毫无谢恩的表示。杨士奇提醒他去拜见王振，薛碹一口拒绝说："拜爵公朝，谢恩私室，吾不为也。”这是说自己受皇恩拜官，不能入私室谢恩。

有一天，朝中大臣在东阁议事，公卿们纷纷上前拜见王振，薛碹却站立不动。王振过来向他施礼，他也不还礼。

薛碹在场面上不给面子，彻底惹怒了王振，王振不禁暗生杀机。不久，他派人诬陷薛碹，逮捕他，把他关入大狱，准备处决。

消息传出，山西老乡无不痛心，有的甚至哭了。王振怕杀了薛碹，引起众怒，将来回不了家乡，只得留薛碹一命，将他削职为民。

宁死不低头的颜真卿

> 勇于断者，不随其似；明于分者，不混其施。
>
> ——〈古今图书集成·学行典〉

颜真卿（709～785），字清臣，是京兆万年（今陕西西安）人，开元进士，任殿中侍御史，后出任平原（今属山东）太守，故世称颜平原。他还是我国历史上著名的书法家。他写的字雄浑刚健，挺拔有力，表现了他的刚强性格。后来，人们把他的字体称为“颜体”。

安史之乱后，唐王朝从强盛转向衰落。各地节度使乘机割据地盘，扩大兵力，造成了藩镇割据的局面。唐代宗死后，他的儿子李适即位，就是唐德宗。唐德宗想改变藩镇专权的局面，结果引起了藩镇叛乱。唐德宗派兵讨伐，结果叛乱不但没有平定，反而蔓延开来了。

公元782年，有5个藩镇叛乱，其中淮西节度使李希烈兵势最强。他自称天下都元帅，向唐境进攻。五镇叛乱，使朝廷大为震惊。唐德宗找宰相卢杞商量，卢杞说：“不要紧。只要派一位德高望重的大臣去劝导他们，用不着动一刀一枪，就能把叛乱平息下来。”

唐德宗问卢杞说：“你看派谁去合适？”卢杞推荐年老的太子太师颜真卿，唐德宗马上同意。

颜真卿是当时一个很有威望的老臣。安史之乱前，他担任平原太守。安禄山发动叛乱后，河北各郡大都被叛军占领，只有平原城因为颜真卿坚决抵抗，没有陷落。后来，他的堂兄颜杲卿在藁城起兵，河北十七郡响应，大家公推颜真卿做盟主。在抗击安史叛军中，立了大功。唐代宗的时候，他被封为鲁郡公。所以，人们又称他颜鲁公。

颜真卿为人正直，常常被奸人诬陷排挤，只是因为他的威望高，一些奸人不得不表面上尊重他。宰相卢杞是个心狠手辣的人。他忌恨颜真卿，平时没法下手，这一回，趁藩镇叛乱的机会，派颜真卿去做劝导工作，是成心陷害他。

这时候，颜真卿已经是70开外的老人了。许多文武官员听说朝廷派他到叛镇那里去，都为他的安全担心。但是，颜真卿却不在乎，带了几个随从就到淮西去了。

李希烈听到颜真卿来了，想给他一个下马威。在见面的时候，叫他的部将和养子1000多人都聚集在厅堂内外。颜真卿刚刚开始劝说李希烈停止叛乱，那些部将、养子就冲了上来，个个手里拿着明晃晃的尖刀，围住颜真卿又是谩骂，又是威胁，摆出要杀他的架势。颜真卿毫不畏惧，面不改色，朝着他们冷笑。

李希烈假惺惺站起来护住颜真卿，命令他的养子退出。接着，把颜真卿送到驿馆里，企图慢慢软化他。

过了几天，4个叛镇的头目都派使者来跟李希烈联络，劝李希烈即位称帝。李希烈大摆筵席招待他们，也请颜真卿参加。

叛镇派来的使者见到颜真卿来了，都向李希烈祝贺说：“早就听到颜太师德高望重，现在元帅将要即位称帝，正好太师来到这里，不是有了现成的宰相吗？”

颜真卿扬起眉毛，朝着四个使者骂道：“什么宰相不宰相！我年纪快80了，要杀要剐都不怕，难道会受你们的诱惑，怕你们的威胁吗？”

4名使者被颜真卿凛然的神色吓住了，缩着脖子说不出话来。

李希烈拿他没办法，只好把颜真卿关起来，派兵士监视着。兵士们在院子里掘了一个一丈见方的土坑，扬言要把颜真卿活埋在坑里。第二天，李希烈来看他，颜真卿对李希烈说："我的死活已经定了，何必玩弄这些花招。你把我一刀砍了，岂不痛快！"

过了一年，李希烈自称楚帝，又派部将逼颜真卿投降。兵士们在关禁颜真卿的院子里，堆起柴火，浇足了油，威胁颜真卿说："再不投降，就把你放在火里烧！"

颜真卿二话没说，就纵身往柴火跳去，叛将们连忙把他拦住，向李希烈回报。

李希烈想尽办法，没有能使颜真卿屈服，就派人逼迫颜真卿自杀了。

赵逵不惧秦桧

在没有开始履行自己的使命以前，要有钢铁般的意志和耐心，不要害怕险峻、漫长的几乎没有尽头的阶梯……

——果戈理

赵逵在宋高宗绍兴年间科举考试中，获得第一名。3年后依照惯例，被召为朝廷的校书郎，负责校对典籍。

此时，秦桧虽然年事已高，但依仗手中握有大权，依旧为非作歹，坑害天下忠良，企图以此维持自己的威信。在秦桧的淫威下，士大夫阶层多敢怒不敢言。

秦桧一见赵逵仪表堂堂，举止得体，谈吐不凡，便想把他拉上贼船。

他询问赵逵如今家在何处，赵逵说家人尚留在蜀中。秦桧问："为什么你的家人不和你一道到京师来呢？"赵逵回答道："不是不想到京城来，主要是手头困难，拿不出这笔路费。"秦桧一听，叫过一个属下，跟他耳语一番。过了一会儿，只见有人拿来百两黄金，向赵逵说："这是秦大人资助你的路费。"这大大出乎赵逵的意料，他坚决拒绝，说什么也不肯收下。

秦桧的属下见赵逵执意不收金子，便跟在他的身后，边走边劝。同事也有人劝他万万不可违逆秦桧的意志，赵逵义正词严地说："身为士人，一丝一毫也不能拿。我岂能例外？难道你也认为冰山是可以依靠的吗？"同事不好意思低下了头，讪讪地走了。

官员无奈，只好回到秦府，还是不敢将赵逵拒收金子一事直接告诉秦桧，怕惹秦桧生气。过了些时日，才将此事透露给秦桧。秦桧果然大怒："我要杀赵逵还不跟杀个狐狸、兔子一样？这小子到底是什么东西，居然敢这样对待我？"

赵逵风闻临安（今浙江杭州）府曹泳罗致属下，便向皇帝上奏本说："近来臣供职的崇文院中人行为多有不检，很多人与官邸有来往，我将极力整顿清理。"不久，宋高宗对赵逵的作为略有所知。便召见赵逵，提升他为著作佐郎。对他说："爱卿是我自己提拔的，秦桧当时推荐士人，居然没有一句话提到你，正是因此，我才知道你不依附权贵，这才是我的好门生。"又说："两王刚刚开始学诗，正希望您能跟他们切磋一番。"皇帝正是想以此来消除先前人们对赵逵的指责。

赵逵此前之所以未得召见，实际上是因为东幕总领符行中想要把他的儿子推荐给朝廷做官，考虑赵逵是主试官，秘密写信让他予以关照。赵逵拿到信，只是拿在手里掂量几下，根本没有启封。不久，符行中的儿子榜上无名。不管因何事，用什么办法疏通，赵逵就是不动心。赵逵的操守于此可说初现端倪了。

宁死荒外毋降清的将军

青山是处可埋骨，白发向人羞折腰。

——陆游

1649年，清军调集大队兵马，向湖南、广西发动强大攻势。何腾蛟、瞿式耜先后殉国。南明永历王朝的两大台柱子都折断了。当此面临覆灭危机的时刻，忽然时来运转，柳暗花明。李定国领导的大西农民军主动与永历朝联合，担负起抗清复明的重任，在西南一带又继续战斗了10多年。

李定国，字鸿远，陕西延安人。生于1621年，死于1662年。他是明末农民起义领袖张献忠手下的一员名将，又是张献忠4个义子中的老二，其余3个是孙可望、刘文秀、艾能奇。张献忠在西充牺牲之后，留下五六万起义军由孙可望、李定国率领，南下贵州、云南。清军南侵，大敌当前，阶级矛盾相对缓和了，民族矛盾上升为主要矛盾。他们派人向永历帝建议，愿意联合抗清。这对于朝不保夕、岌岌可危的永历政权来说，当然是求之不得的好事。他只好依靠大西军，并封孙可望为秦王。然而孙可望别有用心，他妄想把永历帝控制在手里，作福作威，独断专行，并不热心于抗清之事。

李定国则是真心实意地抗清复明。他指挥农民军保护着永历帝先退到南宁，又退到贵州安隆，把地名改为“安龙”，在那里建立临时首都。然后，他在云南操练军队，一年间训练了3万精兵，制造了武器盔甲，还招募了一批训象人，组成一支象队。在做好一切准备之后，李定国决定出兵进攻清军。他的军队以严明的军纪和高昂的士气著称。部队从云南出发，经贵州一直打到湖南，节节胜利，收复了沅洲、宝庆、武冈、全州等重镇。接着，李定国又分兵三路进攻桂林。桂林的清军守将孔有德几次派兵迎战，然而没有交战，兵士就逃散了。孔有德只好亲自带兵赶到严关与明军对垒。李定国大军一到，前面是高大的象队开路，后面是英勇无比的士兵。大象一上阵就高声吼叫起来，吓得清军的战马都惊了，掀翻骑手，到处乱窜。其时，天降大雨，电闪雷鸣。象群趁势一阵猛冲，清军溃散，接着明军奋勇追来，清兵一败涂地。主帅孔有德急忙把残兵撤进桂林城内，关闭城门。李定国把桂林城层层包围，日夜强攻。一天，孔有德登城指挥防守，被明军乱箭射中前额，同时他又听说李定国已攻占城北山头，就放起一把火，投身烈焰之中自尽了。明军收复桂林之后，李定国接着派兵攻打广西各郡县，收复了梧州、柳州、辰州等重镇。

公元 1653 年，李定国又带兵打下永州、衡州、长沙，逼近岳州。清廷大为震惊，急忙派大将军敬谨亲王尼堪带兵 10 万南征。李定国得到消息，知道敌人来势凶猛，就主动从长沙撤出，在退到衡州的路上设下伏兵。尼堪的大军一路之上势如破竹，很快占领长沙、湘潭，又向衡州推进。在衡州城下，与李定国的军队遭遇。两军未战几回合，李定国佯装败走，尼堪率精锐骑兵紧追不舍，进入了明军的埋伏圈。经过一场拼杀，清兵大败，尼堪也被当场杀死，李定国收兵屯驻武冈。

李定国转战云南、贵州、广西、湖南，连下数十城，立下累累战功，永历帝封他为西宁王。这一切引起了孙可望的妒忌。他假意邀请李定国商量事情，想暗害李定国。李定国察觉了他的意图，只好带兵离开湖南，回到云南。孙可望想提高自己的威望，也领兵到湖南进攻清军，结果却打了大败仗，孙可望野心勃勃，想逼迫永历帝让位，由自己篡权。他知道要实现这个目标，必须除掉李定国这个障碍。1657 年，他率兵 14 万进攻云南的李定国。自古以来，挑动内战都是不得人心的。孙可望手下的将士们，都恨透了他的分裂活动，双方一经交战，就纷纷自动倒戈，投向李定国一边。孙可望的军队迅速瓦解，他狼狈逃回贵阳，又遭到贵阳守将冯双礼的反对。他走投无路，就跑到湖南向经略洪承畴乞降。

永历政权经过孙可望的叛乱，力量大大削弱。公元1658年，清朝大将军罗托自湖南、吴三桂自四川、卓布泰自广西，分三路大举进攻贵州，李定国也分兵三路进行阻击。然而寡不敌众，士气也大不如前，战事接连失利，不得不退回云南。李定国护卫着永历帝逃到永昌。

1659年，清军进入云南。李定国派靳统武护卫永历帝逃往腾越。清军攻克永昌，横渡潞江，攀登磨盘山。李定国派部将窦民望、高文贵、王玺分兵设伏等待清军到来。清军进入埋伏圈，并向李定国的阵地发炮。于是伏兵四起，与清兵展开了肉搏，双方死伤惨重。窦民望被炮弹击穿肋下，血流如注，还持刀拼命厮杀，最后终于倒下。王玺也战死在阵地上。李定国在山巅指挥战斗，炮弹就坠落在他面前，掀起的泥土、石块将他全身覆盖。他从土堆里爬出来，指挥军队撤退。部队还未退到腾越，惊慌失措的永历帝已由几个亲信官员陪同，逃往缅甸去了。

李定国在云南和缅甸边界收集残部，打击清军，准备恢复。永历帝逃往缅甸，被缅甸软禁了起来。李定国与清军且战且走，最后也退入缅甸。他13次要求缅甸归还永历帝，都未得到满意的答复。他想用武力夺回永历帝，因为人地两疏，也未能如愿。1661年12月，吴三桂带领清兵10万开进缅甸，逼缅甸交出了永历帝和太子后妃。清兵把他们押到昆明杀害了。李定国本想约请暹罗（今泰国）出兵进攻缅甸，夺回永历帝。当听到永历帝被害的消息，他忧愤万分，终于病死军中。临死时他对自己的儿子和部将说：“宁死荒外，毋得降清。”

烧车御史

不戚戚于贫贱，不汲汲于富贵。

——陶渊明

谢振定于乾隆年间考中进士，有经世之才，崇尚气节，刚正不阿。

谢振定对和珅横行不法、为害国家早就不满，立志要灭一灭和珅的威风。

有一天，和坤的一个小妾的弟弟乘坐和坤的一辆豪华车子在街上横冲直撞。路人见是和府的车子，敢怒而不敢言，都远远地避开了。

这时，正在巡城的御史谢振定恰遇这辆马车疾驰而来，他马上命令随行的士兵将车上的人带过来。

旁边的护卫告诉谢振定说："这人是和坤的手下，他的姐姐是和珅的一名爱妾。这人平日横行惯了，请御史大人还是不要惹他为好。"

谢振定一听是和坤的人，顿时怒不可遏，大喝一声："给我把这奴才抓起来！"随着谢振定一声令下，随行的士兵立刻快马追上去，将车上的人从车子里揪了下来。

那人被带到谢振定面前，出言不逊，态度极其顽劣。

谢振定勃然大怒，命令士兵剥去他的衣衫，责打一顿，一边打一边说："竟敢在京城横冲直撞，真是无法无天了。"

接着，谢振定命令士兵将那辆豪华的车子烧掉。

火焰冲天而起，围观的人越来越多，无不拍手称快，都称谢振定是"烧车御史"。

后来，谢振定的儿子谢兴蛲考中进士，做了河南裕州知州。因政绩优异，道光皇帝接见了他。听他满口京腔，道光皇帝奇怪地问："你是湖南人，怎么会说京腔啊？"谢兴蛲回答说："我父亲振定公曾在京城做官，我出生在京城，因此会说京腔。"

道光皇帝一听，十分高兴，立即提拔谢兴蛲为艘州知府。

第二天，道光皇帝对军机大臣说："我小时候听说过'烧车御史'，没想到昨天见到了他的儿子。"

为国捐躯的贤母——白文冠

疾风知劲草，板荡识诚臣。

——李世民《赐萧瑀》

马本斋（1901～1944），原名马守清，经名尤素夫·马本斋，回族，是河北献县人。他是抗日战争时期八路军冀中军区回民支队的创建人，是我国著名的抗日民族英雄。

1925年，马本斋投奔东北军张宗昌部下当了兵。由天他吃苦耐劳，文武兼备，3年后就被擢升为团长。

可是，当了团长后，他的思想却起了很大变化。他亲眼看到这支军队并不是为穷苦百姓的，总是借口"剿匪"残害百姓。他几次请战，也不为上峰批准。他感到心灰意冷，报国无门。于是，他毅然辞去军职，解甲归田。辞职前，他写了一首诗，表明自己的心志：

风云多变山河愁，雁叫霜天又一秋。

空有满腹男儿志，不尽沧浪付东流。

1921年秋，马本斋回到家乡东辛庄，重操农活。母亲白文冠很理解，支持儿子的义举，说道："解甲归田是好事，咱不能做对不起老百姓的事。"

1937年芦沟桥事变后，抗日战争全面爆发。战火很快蔓延，次年年初，日寇就进了东辛庄。在一片火海中，白文冠的大儿子马守朋和一些乡亲们惨遭日寇枪杀！

白文冠和马本斋愤怒了！

白文冠望着倒在血泊中的大儿子和乡亲们，把马本斋叫到跟前。厉声说道："本斋，咱回族有句话：'对恶狗用棍子，对强盗用刀子'。咱这人命绝不能白搭！你当过兵，打过仗，你现在就去拉队伍，打鬼子，为娘、为乡亲们报仇！"

"娘！本斋明白，咱跟鬼子汉奸誓不两立！"马本斋义愤填膺，当即拿出他珍藏多年的从东北军带回的20响匣子枪，找到村里一些乡亲们，说道："乡亲们，你们怕不怕死？"

乡亲们素来敬佩"马团长"，齐声答道："本斋，你就说怎么干吧，我们听您的指挥！"

"好！抄家伙，拉队伍，不杀尽鬼子，决不罢休！"马本斋截铁地吼道。

当晚，凉风习习，树影婆娑，月光如泻，群星闪烁。在东辛庄马家院子的大椿树下，围坐着十几个回族热血男儿。他们一会儿慷慨激昂，一会儿低首沉思，在商议着怎样拉队伍抗日。白文冠特地买了两斤烧酒，3斤花生米，招待大伙边饮边谈。经过一番商议，他们决定组织"回民义勇队"，一致推举马本斋担任义勇队队长。

1938年8月30日这一天，回民第一支抗日武装——回民义勇队，在东辛庄清真寺前正式成立了！义勇队员们手持大刀、长矛，肩扛土枪、钢叉，在马本斋率领下，跪在地上向真主起誓：国难当头，日寇杀我父老乡亲，穆斯林大义大勇，要讨还血债，报仇雪恨，死而无怨！

就这样，一支60余人的回民抗日武装，在华北平原上揭竿而起！

为了支持抗日大业，白文冠走东串西，四处奔波，组织村里30多个妇女，为义勇队员洗衣、做饭、烧饭，慰问照料伤病员。在她的影响下，东辛庄的乡亲们全都投入了抗日的铁流。

1938年春，马本斋通过八路军河北游击军令员孟庆山介绍，加入了中国共产党领导下的冀中军区“回民干部教导总队”，并担任总队长。是年秋，马本斋光荣加入中国共产党。他激动地握住入党介绍人的手说：“今天，才是我马本斋真正的生日！”

1939年7月，经中共中央军委批准，马本斋出任回民支队司令员。他举起铁拳，在队旗下带领大家庄严宣誓：“头可断，血可流，不灭日寇，誓不罢休！”

在马本斋的率领下，回民支队英勇善战，游若蛟龙，转战华北，屡建奇功。他们活动在敌人的心脏地区，经历大小战斗800余次，歼灭日伪军3万余人，被八路军冀中军区誉为“拖不垮、打不烂，攻无不克的铁军”。

马本斋的铁军，被日寇视为眼中钉，欲拔之而后快。

一条阴险的毒计被炮制出来了：日寇、汉奸决定利用马本斋的母子之情，扣押白文冠为人质，副迫马本斋投降。

1941年8月的一天，阴霾满天，刀光闪闪。日寇山本联队500余人突然包围了东辛庄。为了掩护白文冠，马维良等3位回族青年不幸被杀害。敌人没有抓到白文冠，于是把乡亲们统统押到清真寺大殿关，一个个审讯，迫问白文冠的去向。

当时，白文冠就在群众里面。乡亲们以无比的忠贞，保护着德高望重的白文冠，维护着神圣的民族气节！

汉奸拖出汉族农民王兆喜，用滚烫的开水往他头上浇。王兆喜仍守口如瓶，回答说：“马老太太跟本斋的队伍去了！”

敌人恼羞成怒，继续毒打王兆喜。

“住手！”为了保护乡亲们，白文冠从人群中冲出，指着汉奸崔春久骂道：“好狗要把三邻护，义马救主世人传。你这个禽兽不如的汉奸，我白文冠就算死了，也要扒了你的皮！”

敌人惊呆了，赶紧押着白文冠，撤兵而去。她转身对乡亲们大声喊道：“告诉我儿子，狠狠打鬼子！……”

马本斋是有名的孝子，闻讯后心焦如焚。这时，敌人双送来劝降信，信上说："马本斋，你若是个孝子，就该为你那风烛残年的老母亲想想，你怎么能见死不救呢？……"马本斋阅信后，肺都气炸了。但他很快识破这是敌人企图引他轻率出兵的阴谋。

支队郭政委了解马本斋。他望着这个血性汉子，深沉地说："司令员，不要难过。山本这一招，只不过是黔驴技穷罢了。古今中外兵戎交战中，凡使用这种卑劣手段的，往往不得人心，失败最惨！"马本斋听后，频频点头。

战士们闻讯，都纷纷前来请战，要求前去营救马老太太。马本斋坚定、冷静地对大伙说："同志们，我的好兄弟！我娘被鬼子抓走，我心里比刀割还难受。可是，在这民族存亡的关头，还有什么比抗日大业更重要的呢？共产党人决不能被母子之情蒙住眼睛，上敌人的圈套。我母亲即使被鬼子杀害，也是为民族而死，她老人家虽死犹生，重如泰山！"

马本斋和回民支队，始终没有轻举妄动。

白文冠自从被敌人关押后，就开始绝食。她不吃一口饭，不喝一口水。敌人多次摆上丰盛的饭菜、点心和水果，她不为所动。随后，日军队长就将几天没吃饭的白文冠送到伪县长、汉奸孙蓉国家里，让人"开导"她，结果仍是一无所获。

敌人一计不成，又生一计。他们采取"以回治回"的办法，把白文冠送到回民佟万成家里，企图利用亲戚关系"规劝"白文冠给儿子写信，白文冠仍不为所动。当时，白文冠已经绝食 7 天了！

这一天，日军山本队长亲自出马，带上叛徒哈少甫，来到白文冠住地。白文冠一见哈少甫，怒从心起，骂道："你这个畜生！出卖祖宗，出卖国家，你不配跟我说话，滚！"

哈少甫羞愧而退。山本见状，立即拔出手枪，往桌上一拍："马老太，你今天不写信，我就打死你！"

白文冠听后，冷笑一声，挣扎着坐靠在床上，坚定地说："来吧，朝这儿打！"在这位绝食 7 天、英勇不屈的中国母亲面前，山本狼狈不堪，恼羞成怒，他凶相毕露，以吼叫来掩饰他的失败。

白文冠怒视着山本，理了理了白发，突然摘下手腕上的玉镯，奋力向山本砸去。突然，她一阵猛咳，吐出两块血块，昏倒在地。

白玉镯碎了！

为了中华民族的尊严，为了儿子的革命事业，英雄母亲献出了自己的生命。

白文冠牺牲后，马本斋悲痛万分，挥泪赋诗，哀悼母亲：

宁为玉碎洁无瑕，烽火辉映丹心花。

贤母魂归浩气在，岂容日寇践中华！

夏明翰为革命视死如归

> 人固有一死，或重于泰山，或轻于鸿毛。
>
> ——司马迁《报任安书》

夏明翰（1900～1928），湖南衡阳人。1928 年 1 月任中共湖北省委委员。1928 年 2 月，由于叛徒宋若林出卖，在武汉不幸被捕。国民党反动派把夏明翰关进监狱，戴上几十斤重的刑具，用尽种种刑罚摧残他。软硬兼施的手法都没有从夏明翰口中得到任何情况。他们决定进行最后一次审讯。

主审的是国民党高级军官，他一脸杀气，恶狠狠地问：“你姓什么？”

“姓冬。”

“胡说，你明明姓夏，为什么乱讲？”

“我是按照你们国民党反动派的逻辑讲话的，你们都是这样，把黑说成白，把天说成地，把杀人说成慈悲把卖国说成爱国，我姓夏就当然应该说成‘冬’！”

主审官一开始就碰了个软钉子，悻悻地继续问："多少岁？"

"我是共产党，共产党万万岁！"

"籍贯？"

"革命者四海为家，我们的籍贯是全世界，我相信世界总有这么一天，全世界的无产者将在共产党的领导下站起来，推翻你们这群吸血鬼的罪恶统治，捣毁你们的天堂！"

"这是什么话？"敌人慌了，故作威严地问：

"夏明翰，你有没有宗教信仰？"

夏明翰扶扶眼镜，不慌不忙地回答："我们共产党不信神，不信鬼，不像你们的蒋总司令，又当基督教徒，又当杀人刽子手！"

"那，你没有信仰喽？"

夏明翰凛然地回答说："怎么没有信仰，我信仰共产主义！"

主审官气急败坏地问道："湖北省委机关在哪里？省委委员在哪里？你究竟知道不知道？"夏明翰笑着说："知道，都在我心里。"

主审官歇斯底里地吼叫道："夏明翰，你不怕杀头？"

夏明翰仰天大笑："砍头不要紧，只要主义真，杀了我一个，还有后来人！"

对于这样一位共产党人，敌人用尽心机也没有丝毫效果，使出了最后一着，宣布将他"就地处决"。

2 月 8 日清晨，在武汉郊外的刑场上，夏明翰昂首挺立，用尽全身力气高呼："打倒国民党反动派！中国共产党万岁！""共产党人是杀不绝的！"最后大声说道："给我一张纸，一支笔。"等纸笔一拿来，他用戴着手铐的手握住笔，飞快地写下了一首正义凛然的就义诗：

"砍头不要紧，只要主义真。

杀了夏明翰，还有后来人！"

写毕向敌人喝道："开枪吧！"

夏明翰的就义诗连同他英雄的名字，永远铭刻在亿万中国人民的心中！

闻一多拍案而起

> 横眉冷对千夫指，俯首甘为孺子牛。
>
> ——鲁迅

闻一多是我国现代著名学者，爱国民主战士。在民族存亡、国家安危的紧要关头，他以天下为己任；以其正义，惩奸纠佞；以其才能竭诚贡献，成为后世敬仰、学习的楷模。

闻一多（1899～1946），湖北浠水人，早年于北京清华学校。1922年赴美留学，攻读美术、文学。1925年回国后，在大学任教。1932年秋任清华大学中文系教授。抗战时期在昆明任西南联合大学中文系教授。闻一多先生在执教期间，潜心研究学问，发表了许多学术专著，是治学严谨、言行一致、受学生尊敬的著名学者。

闻一多本是一位专心业务的学者，不大过问政治。1943年后，目睹国民党政府的独裁腐败和人民生活的痛苦，他毅然走出书斋，积极投身到民主运动中去。1944年闻一多加入中国民主同盟。1945年被选为中央执委兼民盟云南支部宣委，《民主周刊》社社长。

全面内战爆发后，在蒋介石的高压反动政策下，民主运动中心的昆明笼罩着一片白色恐怖，但闻一多毫无畏惧，坚持民主斗争。1945年2月7日七君子之一的李公朴遭特务狙击，遇刺身亡，闻一多赶到云南大学医院，抱着李公朴的遗体哭喊："公朴没有死！公朴没有死！"朋友们劝他暂避，以防不测。他坚定地表示："决不能向敌人示弱，如果李先生一死我们的工作就停了，将何以对死者，将何以对人民！"7月15日午后，李公朴治丧委员会在云南大学至公堂邀请李公朴夫人张曼筠报告李先生被刺经过，闻一多到会讲演，这是他一生中最后一次讲演。

他在千余人面前痛斥了反动派的无耻，当时会场上混有不少国民党特务，闻先生随时可能遭到特务的谋杀。但是，闻一多坚定地表示了争取民主的决心：一切民主的工作者要准备像李公朴先生一样，今天跨出了大门，就不准备再跨进大门！会后，云大学生将他护送回西南联大教职员宿舍西仓坡2号《民主周刊》社，同楚图南一起主持新闻记者招待会，报告李公朴被刺经过及李公朴生平。5点散会，5点40分由其长子闻立鹤伴随回宿舍，几分钟后，即在宿舍门口被数名特务狙击，面部被击3弹，左腕被打断，胸部也中数弹，当场遇难。这种空前残忍、丑恶、卑鄙的暗杀行为，使国民党法西斯统治的狰狞面目暴露无遗。

闻一多、李公朴的被暗杀，激起了人民的愤怒，也促使对蒋介石存有某种幻想的人们的觉悟。闻一多再一次用其满腔热血唤醒了广大人民，激励更多的后来者，为自由为民主进行不懈的斗争，抛家殉命，死而后已。

陈赓怒斥蒋介石

> 时穷节乃见，一一垂丹青。
>
> ——文天祥

1933年3月，陈赓同志被捕不久，被押到南京进行严刑审讯。

当时，多亏宋庆龄同志及时组织营救，陈赓同志才免遭杀害。正在南昌指挥“围剿”红军的蒋介石，知道陈赓是黄埔军校第一期毕业生中的优秀人才，足智多谋，年轻有为，是难得的军事指挥官。于是，他命令南京政府立即把陈赓同志押到南昌，他要亲自出马“迎接贵客”。

陈赓同志被押到南昌的第二天，蒋介石传令要在客厅“会见”他。蒋介石见陈赓同志蓬头垢面，衣衫褴褛，先“责骂”南京政府有眼不识泰山，未经他许可就随便用刑；后带有几分“歉疚”地关照陈赓同志的生活。

蒋介石觉得自己跟陈赓有着特殊的“缘分”。因为在第二次东征中，陈赓同志曾冒着危险救过他的性命。于是，他把这件事挂在嘴边上，装作“知恩报恩，感激不尽”的样子。陈赓同志一眼识破了蒋介石的用心，坦率地说道：“你想把我怎么样就直说吧，用不着转弯抹角。”

蒋介石笑了笑，把一杯茶递给陈赓，说道：“你是校长的好学生，我很佩服你的才华。虽然你在政治上犯了错误，且看在我们过去的交情上，我还是能原谅你的。”

陈赓同志把脸转向一边，冷冷地答道：“谢谢你的好意，不过，我并不需要你这种原谅。”

蒋介石感到很扫兴。停了片刻，只好亮出了真牌子，他递给陈赓同志一张纸，皮笑肉不笑地说：“只要你肯写几个字，什么事都好商量……”“写什么字?”“自首……”陈赓同志猛地一把夺过蒋介石手中的纸，挥笔疾书，一下写满了“打倒蒋介石，打倒卖国贼!”等口号。蒋介石气得头昏脑胀，他连叫着：“你这个态度，你这个态度！……”然后命令把陈赓同志押下去。

一计不成，又生一计。过了几天，蒋介石又把陈赓同志“请”到自己的办公室。然后把卫兵支出去，满脸赔笑地给陈赓同志让座、倒茶，并为自己前天的“粗暴失礼”向陈赓道歉。陈赓同志没入座，蹲在旁边的沙发上说：“你不要逢场作戏了，你的一举一动，所作所为我都看透了，我希望你对我不要有任何幻想。”蒋介石又挨了当头一棒，感到很难堪。不过，他还是极力装作镇静：“不要激动，不要激动，我……我看你还是当年咱们一块共事的脾气。今天谈点别的，谈点别的……”蒋介石带着浓重的浙江口音，结结巴巴地掩饰着自己的窘迫。他站起身来，在屋里来回踱着步子。僵持了一阵，才说道：“现在国家弄得这么糟，每天都有人在流血，中国不能这样沦陷……”陈赓同志当即打断了蒋介石的话，义正词严地说道：“这还用你表白吗？谁造成的这种局面，中国人民心里有数。你不主张抗日，却发动内战，屠杀人民，难道这些责任还要我们共产党人负吗？”蒋介石目瞪口呆，不知所措。

“你还年轻，前途无量啊。俗话说‘人生一世，草木一秋’，我劝你还是想开点……”蒋介石斜了陈赓同志一眼，接着又说：“你是个大将军，还穿着满身虱子的衣服，这多不体面啊！”陈赓答道：“我陈赓天生和虱子有缘分，虱子是革命虫。”蒋介石又说道：“草鞋总该换换吧？”陈赓同志冷冷地答道：“我就是个‘草鞋将军’！”蒋介石嘴里像塞了团棉花：“这……这……”半天没说出一句完整的话。又僵持了一阵，蒋介石说：“只要你肯过来，愿意带兵，我马上给你个师长，就是给你个军长，也是一句话……不愿意带兵嘛，也好，我可以给你个特务总队长干，只要你答应同我合作，这些都由你挑……”

陈赓同志再也按捺不住心中的怒火，“霍”地站起来，慷慨陈词地说：“我一进来不是跟你说了吗？我陈赓是中国共产党党员，决不做你的狗官。更不会像你一样卖国求荣，背叛革命，榨取人民的血汗，来供自己享受！你想让我叛变自首，哼！你打错了算盘！”蒋介石勃然大怒，拍案而起：“放肆！你要这样不识抬举，可别怪我忘恩负义。来人！”卫兵们一拥而上，扭住了陈赓。蒋介石喊了声：“慢！”他命令卫兵用枪口对准陈赓同志的胸膛，凶相毕露地问道：“说！你到底投不投降？”陈赓同志昂着头，以凛然不可侵犯的英雄气概，斩钉截铁地说！“要打要杀都由你，我陈赓对你没二话！”

蒋介石恼羞成怒，暴跳如雷，但又无计可施，只好命令先将陈赓同志押回监狱。

共产党人的浩然气节

穷则独善其身，达则兼善天下。

——《孟子·尽心上》

寒冬，一个颀长、英俊的中年人脚戴铁镣，身披臃肿的破棉大衣站在雪地里，一双坚毅的眼睛凝视着灰沉的天空，凝视着昏黄的大地，脸上呈现出视死如归的神情……像意大利的乔尔丹诺·布鲁诺一样，不惜为崇高的信仰而燃烧自己。这就是方志敏烈士留给我的最初印象。

许多年过去了，一些往事随着时光的流逝而淡远，但方志敏烈士坚贞不屈、大义凛然的光辉形象，连同他在狱中写下的《可爱的中国》、《清贫》、《死》、《狱中纪实》等不朽文著，却愈加清晰地留在我的记忆里。

在中国革命漫长的历史画卷中，英雄豪杰灿若星河。一个就义时才36岁，牺牲距今天已有70余年的人，人们为什么能这样长久地怀念他？记住他？是因为他超凡的才华？还是因为他曾是红军卓越领导人之一？这些都是，又不全是。我想，方志敏烈士执著的理想信念，崇高的革命气节，清正廉洁的作风，已成为一面修正我们行为和灵魂的铜镜，并随着岁月的磨擦更现其光亮。这才是今天这个时代仍然怀念他的根本意义之所在。

1935年1月，方志敏同志奉党中央之命，率部北上抗日，在皖南遭国民党军队的围堵，撤返赣东北途中，又被7倍之敌围困于怀玉山区，因寡不敌众被俘。听说抓到了一个共产党的大官，欣喜若狂的敌人把方志敏拉出来浑身搜索，想从他的身上搜出银元和细软来，可从棉大衣的领子，一直摸到脚底，甚至把方志敏袜子的补丁都捏了几捏，除了一只怀表和一支钢笔之外，一个铜板也没有搜出。大失所望的敌人还不甘心，他们挥舞着手榴弹，威吓地吼着、叫着，让方志敏把藏着的钱财拿出来。他们想，像方志敏这样的“大官”，随身怎么能不带着千儿八百的钞票呢？没有钞票，起码也有金戒指一类的东西吧！看着贪婪的敌人，方志敏淡淡一笑，轻蔑地说道：“不要做出那难看的样子来吧！我确实一个铜板都没有，我们革命不是为了发财！”是他没有钱吗？不是。他经手的款项，总数超过百万元，但这些筹集而来的金钱，都一点一滴的用之于革命事业中，从来没有奢侈过。这与那些假公济私、贪婪无度之徒是多么鲜明的对照啊！

国民党为了劝降方志敏，不择手段地进行威逼利诱，一方面在生活上加以改善，另一方面物色了一批党政军委员，网罗了方志敏的几个同乡同学，轮流探监，假献殷勤，充当说客。有一次，国民党江西省党部书记长俞伯庆，亲自跑到狱中劝降，他说：“蒋委员长很想重用你，你为什么不愿意早点出来呢？”方志敏同志鼻子嗤了一声，说道：“蒋委员长，……什么东西！”俞伯庆仍不放松地说道：“你们不是已经失败了吗？”方志敏同志严肃地说道：“不！我们在军事上是暂时失败了，但在政治上并没有失败！而且，我可以告诉你，我们永远也不会失败！”一无所获的敌人贼心不死，又叫军法处的副处长——一个现代典型的酷吏跑来，告诉方志敏说：“上面要重用你啦！”方志敏觉得可笑，正言厉色地告诉他：“我可以告诉你，要知道，共产党员都是深刻的信仰共产主义的。”敌人还在那里罗嗦什么：“‘识时务者为俊杰’！随风转舵，是做人必要的本领！”方志敏皱着眉头，大声说：“行了，你不要再讲下去了，我是不会做没有气节的人的！我生在世上的任务就是要和你们这伙帝国主义的走狗、骑在人民头上的匪徒决斗的！”他以政治上的最大坚强保证了思想上的最大从容，用革命者冰清玉洁般的浩然气节打败了武装到牙齿敌人的嚣张气焰，用革命的英雄主义精神在《死》一文中发出了气贯长虹的独白：“抛弃自己原来的主义信仰，撕毁自己从前的斗争历史，訇的一声，跳入那暗沉沉地秽臭的污水潭里去，向他们入伙，与他们一块儿去抢，去掳，去刮，去榨，去出卖可爱的中国，去残杀无辜的工农；保住自己的头，让朋友的头，滚落下地；保住自己的血，让朋友的血，迸射出来。这可都能作下去？啊！啊！这若都能作下去，那还算是人?！是狗！是猪！是畜生！不，还是猪狗畜生不食的东西！无论如何，不能作那叛党叛阶级的事情，决不能作的……”这是一个共产党人用生命对自己信仰和尊严的捍卫，也是一个革命者留给历史的珍贵文献。人有才不难，有德也不难，难得的是德才兼备，而共产党内尽是些德才出众的人，是什么力量驱使着这些民族精英、时代骄子前赴后继，一往无前？我想，是道德的力量，更是信仰的力量，真理的力量。因为共产主义的理想乃是全人类最高的理想！难怪敌人自愧不如地叹息道：“我们怎么没有像方志敏这样的人才？”

身陷囹圄的方志敏置生死于度外，在国民党监狱严酷的斗争环境中，心中燃烧着不屈的信念，考虑的仍然是党的事业和革命的前途，对祖国和民族的未来充满信心。他在《在狱中致全体同志书》中写道：“我们虽囚狱中，但我们的脑中，仍是不断地思念着同志们的奋斗精神，总祈祷着你们的胜利和成功！我直到现在，革命热诚仍和从前一样。”他最感痛苦的，就是失却了为党努力的机会。面对着敌人的高墙电网，他还像一位热情而浪漫的画家，凝神运气，调动内功，深情地描绘着祖国未来的宏伟蓝图，他说：“我相信，到那时，到处都是活跃的创造，到处都是日新月异的进步，欢歌将代替了悲叹，笑脸将代替了悲哀，明媚的花园，将代替了凄凉的荒地！”

当他预料到敌人快要对自己下毒手时，拖着沉重的镣铐，给他无限眷念的世界留下了一个共产主义战士的最后遗言。他写道：“敌人只能砍下我们的头颅，决不能动摇我们的信仰！因为我们信仰的主义，乃是宇宙的真理！为着共产主义牺牲，为着苏维埃流血，那是我们十分情愿的啊！”“我十分憎恨地主，憎恨资本家，憎恨一切卖国军阀；我真诚的爱我阶级兄弟，爱我们的党，爱我中华民族。为着阶级和民族的解放，为着党的事业的成功，我毫不稀罕那华丽的大厦，却宁愿居住在卑陋潮湿的茅棚；不稀罕美味的西餐大菜，宁愿吞嚼刺口的苞粟和菜根；不稀罕舒服柔软的钢丝床，宁愿睡在猪栏狗窠似的住所……。我能舍弃一切，但是不能舍弃党，舍弃阶级，舍弃革命事业。”

1935 年 8 月 6 日，凶残的敌人在南昌秘密地将方志敏推向了刑场。临死前，他高呼："红军万岁！""苏维埃万岁！"的口号，敌人惊恐万状，他们慌忙地弄了一团棉花塞进方志敏的口里，又用一条白布把方志敏的嘴巴紧紧扎住，妄图堵住真理的声音。人民的好儿子方志敏为人民的解放事业流尽了最后一滴血。

"血染东南半壁红，忍将奇绩作奇功。文山去后南朝月，又照秦淮一叶枫。"当时许多人，包括一些著名的爱国民主人士，正是通过方志敏烈士这一篇篇气壮山河的云锦文章，看到了共产党人的自信与乐观、坚定与博大、执著与追求；正是通过方志敏身上所体现的共产党人不屈信念和崇高气节，进一步认清了我们党为国家、为民族奋斗的根本性质与宗旨。

超越时空，我感受到了先烈追求真理的心灵轨迹，感受到了白色恐怖的血腥与残暴，更深切地理解到共产党人的历史责任和铮铮铁骨，更深切地理解到一个共产党人用生命发出最后绝唱的真正价值。方志敏烈士用自己的生命作代价，发出的最后绝唱，像一支利箭射穿千里风雪，像一束阳光拨开乌云迷雾，走向精神的永恒与不朽。

自强不息

精卫填海

只要有一种无穷的自信充满了心灵，再凭着坚强的意志和独立不羁的才智，总有一天会成功的。

——莫泊桑

炎帝有一个小女儿，名叫女娃，是他最钟爱的女儿。他的女儿可以说是德智体全面发展，文采很好，乐于助人，从不因为自己的父亲是炎帝就欺负人民，更重要的是她会许多体育运动，如游泳、踢鞠球等。炎帝事情很多，每天做到累得眼睛受不住，非得闭上时，他才肯回家歇一会儿，顺便带些东西回家做，休息了不足几小时又开始做了。女娃很关心她的父亲，总希望能为他分担些什么。最近她听说现在最令父亲头疼的是东海，人们有的不会游泳，那么他们就根本不能到对岸，而且有时又会洪水泛滥，淹没了庄稼、房屋。于是，女娃一有空便帮父亲想办法。终于有一天，女娃高兴地把一个像大块橘子皮一样的东西给她的父亲看，说这个东西就叫做“船”。说它可以帮人渡过东海，炎帝并不相信这玩意有用，认为只是女儿在闹着玩。于是他笑着说："孩子，父皇还有许多东西没有做，自己出去玩吧。"可是，女娃却很倔强，她相信自己发明的这个东西肯定可以帮助人们，于是她自己悄悄抬着自己发明的"船"来到了东海边上。她驾着自己的"船"上，就真的出发了。不幸的是，海上起了风暴，像山一样的海浪把小船打翻了，女娃被无情的大海吞没了，永远回不来了。当炎帝知道这消息后，大吃一惊，然后就陷入了无比的哀痛之中，独自神伤嗟叹了。

女娃死了，她的精魂化作了一只小鸟：花脑袋，白嘴壳，红脚爪，发出"精卫、精卫"的悲鸣，所以，人们又叫此鸟为"精卫"。

女娃虽然化作了精卫，但她依然记得东海对人们的危害，又想起自己是被无情的大海夺去了自己年轻的生命，她要为人民除害。因此，她一刻不停地从她住的发鸠山上衔了一粒小石子，或是一段小树枝，展翅高飞，一直飞到东海，然后把小石子或树枝投入海中。她想只有把东海填平了，才可以真正地解救人民。

大海奔腾着，咆哮着，嘲笑她："小鸟儿，算了吧，你这工作就干一百万年，也休想把我填平。"

精卫在高空答复大海："哪怕是干上一千万年，一万万年，干到宇宙的尽头，世界的末日，我终将把你填平！"

"你为什么这么恨我呢？"

"因为你不仅夺去了我年轻的生命，你还危害到人民，将来还会夺去许多年轻无辜的生命。我要永无休止地干下去，总有一天会把你填成平地。"

精卫衔呀、扔呀，成年累月，往复飞翔，从不停息。终于，有一天，在血红的残阳下，一只柔软的身体轻轻落下……

晏子使楚

在尚未变得容易之前，一切事情都是困难的。

——富勒

晏婴（前578～前500），字仲，谥平，习惯上多称平仲，又称晏子，夷维人（今山东莱州）。春秋后期一位重要的政治家、思想家、外交家。

晏婴是齐国上大夫晏弱之子，以生活节俭，谦恭下士著称。据说晏婴身材不高，其貌不扬。齐灵公二十六年（前556年）晏弱病死，晏婴继任为上大夫。历任齐灵公、庄公、景公三朝，辅政长达50余年。周敬王二十年（公元前500年），晏婴病逝。孔丘曾赞曰："救民百姓而不夸，行补三君而不有，晏子果君子也！"现存晏婴墓在山东淄博齐都镇永顺村东南约350米。

晏婴头脑机灵，能言善辩。内辅国政，屡谏齐王。对外他既富有灵活性，又坚持原则性，出使不受辱，捍卫了齐国的国格和国威。司马迁非常推崇晏婴，将其比为管仲。

晏子被派遣到楚国。楚人知道晏子身材矮小，在大门的旁边开一个小洞请晏子进去。晏子不进去，说："出使到狗国的人从狗洞进去，今天我出使到楚国来，不应该从这个洞进去。"迎接宾客的人带晏子改从大门进去。

晏子拜见楚王。楚王说："齐国没有人可派吗？竟派您做使臣。"晏子严肃地回答说："齐国的都城临淄有7500户人家，人们一起张开袖子，天就阴暗下来；一起挥洒汗水，就会汇成大雨；街上行人肩膀靠着肩膀，脚尖碰脚后跟，怎么能说没有人才呢？"楚王说："既然这样，那么为什么会打发你来呢？”晏子回答说：“齐国派遣使臣，要根据不同的对象，贤能的人被派遣出使到贤能的国王那里去，不肖的人被派遣出使到不肖的国王那里去。我晏婴是最不肖的人，所以只好出使到楚国来了。”

晏子又将要出使楚国。楚王听到这消息，便对侍臣说；“晏婴，是齐国的善于辞令的人。他将要来，我想羞辱他，用什么办法呢？”侍臣回答说：“在他来到的时候，请允许我们捆绑一个人，从大王面前走过。大王就问：“这人是干什么的？”我们就回答说：“是齐国人。”大王又问：“犯了什么罪？”我们就回答说：“犯了偷窃的罪。”

晏子到了，楚王赏赐晏子喝酒。当酒喝得正高兴的时候，两个官吏绑着一个人从楚王面前走过。楚王说：“绑着的人是干什么的？”官吏回答说：“是齐国人，犯了偷窃罪。”楚王瞟着晏子说：“齐国人都善于偷窃吗？”晏子离开座位，回答说：“我听说这样的事，橘子长在淮河以南结出的果实就是橘，长在淮河以北就是酸枳，（橘和枳）它们只是叶子的形状相似，果实味道却完全不同。这是什么原因呢？是水土不同。现在百姓生活在齐国不偷盗，来到楚国就偷盗，难道楚国的水土会使人民善盗吗？”楚王笑着说：“圣人不是能同他开玩笑的，我反而是自讨没趣了。”

韩幹临厩画马

> 你要是爬山，就爬到顶，一摔倒，就会跌到深渊里。
>
> ——高尔基

韩幹是唐代的一位大画家，尤其以画马而闻名。

他小时候，一天学也没上过。他父亲是个老羊倌，但懂得一点绘画本领。每当韩斡与父亲一起放羊时，他便学着父亲的样子，拿着石子在地上画来画去。久而久之，他画的东西越来越形象，越来越逼真了。

为了能挣点钱拜师学画，在韩斡刚满 12 岁那年，父亲便把他送到了一家小酒店去当伙计。这个活又苦又累。每天，酒店里所有的杂活都要由韩斡去做，完事后，他还要替店主人给各处的主顾送酒。

每天晚上，累得直不起腰的韩斡，乘主人休息后，便开始画自己的画儿，他住的那间堆放杂物的小屋内，油灯往往是亮到天明。

有一次，有人让他给当时的著名诗人、画家王维家里去送酒。当韩斡挑着酒担找到王维家时，恰好王维不在家，他久等无聊，就用柴杆在地上胡乱画些人和马。王维回家后看了他的画，觉得他很有绘画的才能，就鼓励他去学画，并且在经济上给他很大的帮助。从此，韩斡就离开了酒店，跟当时著名画家曹霸学画。经过十余年的刻苦学习，他的绘画艺术已有很深的造诣了。

唐玄宗听到他的名声后，便将他召人宫内作画，并要他向宫廷内的一位画马名家陈闳学习画马。但是他并没有照着做。唐玄宗问他是什么原因，他回答说：“我有我的老师，皇上马厩里的那些马就是我的老师。”

他在皇帝的马厩里日夜观察，钻研各种马的共同点和不同点。长期的观察，使韩斡对马的习性、神态都有了深刻的了解。他在马厩里一住就是 4 年。4 年后，再看他笔下的马，可谓神骏、雄健、跃然欲动，连当时的画马名家都称赞说韩斡超过了他们。

吴道子蒸饼悟画

只要持续地努力，不懈地奋斗，就没有征服不了的东西。

——塞内加

吴道子，阳翟（今河南禹县）人，唐朝著名画家。

吴道子自幼孤贫，爱好学习。为了学习书法，他历尽千辛万苦，只身到浙江、江苏向书法家贺知章、张旭求教，未取得进步。后改学绘画，虽遍访名师，仍无成就。两次失败，使他有些心灰意冷。

一天，他来到一座庙宇，看见庙前有一个妇女在卖馍饼。她后面左右两边又各有一位妇女。左边的在和面做馍，右边的用馍具蒸烤。左右两人相距丈许。只见左面的用面做成薄馍后，随手一扔，那馍滴溜溜地旋转着，不偏不斜正落在右边妇女的馍具内。右边的接馍后，一面烧火，一面翻馍。馍熟了，她用竹片一挑，那熟馍也飞起来，正好落在八尺外卖馍妇女的竹篮内。一块又一块，摞得整整齐齐。过路人看了，无不拍手叫绝，抢着来买馍。

这情景，把个吴道子看呆了，好一会儿才回过神来。他走到卖馍人跟前，买了一块馍，随后问道："请问，卖馍大婶，飞馍的技艺有什么诀窍吗?"卖馍的妇女答道："这没有什么，只不过手熟罢了。天天烙，月月烙，日子长了，自然熟练了。"吴道子听了，顿觉豁然开朗，他领悟了一个道理："学习书法、绘画，也是同理，熟能生巧，功到自然成。"

从那以后，他更加勤奋，见山画山，见水画水，见人描人，见树绘树。到了 20 岁时，他就成了远近闻名的画家。

但他不满足于现有成绩，还要拜师深造。远学南朝画家张僧繇，近学当代画家张孝师。

功夫不负有心人。刻苦学习之后，他所画的人物，笔迹拓落，形姿雄劲，生动而有立体感。中年后，他的笔法变得更加遒劲、圆润。点画之间，时见缺落，有笔不周而意周之妙。后人因此把他和张僧繇并称为“疏体”。

吴道子在绘画上总是精益求精。他在长安、洛阳二地的寺观作壁画300余幅，无不是珍品。他所画人物的衣褶，飘飘欲举，后人称“吴带当风”。吴道子的山水画也自成一家，曾在大同殿墙壁上，画出嘉陵江300余里山水，大笔挥洒，一天就画完了。

吴道子绘画的艺术成就，对后代产生很大影响，后人尊他为“画圣”。宋朝苏轼说：“画至吴道子，古今之变，天下之能事毕矣。”

吴道子持之以恒，熟能生巧的学画过程，对后人启示很大。

李贽老年更加勤奋

> 人，只要有一种信念，有所追求，什么艰苦都能忍受，什么环境也都能适应。
>
> ——丁玲

李贽（1527～1602），号卓吾，泉州晋江人。他是明朝一位富有战斗精神的思想家。

李贽幼小时，家境贫寒，但刻苦好学。由于他治学认真，意志顽强，终于获得了渊博的学识。

他主张读书人要有“超然志气，求师问友于四方”。他到北京的时候，已经是个年迈老翁，听说澹园老人焦竑对《易经》很有研究，就去拜访焦竑说："您允许我做一个老门生吗?"焦竑比他年轻了 15 岁，听了这话非常感动，于是就和他结成了好友。李贽跟着焦竑学习《易经》，每天熟读一卦，直到深夜才肯休息。

经过 3 年刻苦努力，终于把《易经》中的六十四卦读通。

李贽 59 岁那年，把家属送回福建老家去，自己单身来到湖北麻城，靠朋友的帮助，在龙潭的芝佛院（寺院）定居下来。照一般人看来，到了这个年龄，已经年老力衰，无所作为了。但李贽却正是从这个时候开始专心攻书，发愤著作。寺院里比较清静，食宿也不必发愁，李贽就朝夕苦读。从儒家经典到佛教经文，从史书到杂说，从诗词到曲赋，无所不读。他把读书当作最大享受，完全忘记了自己身在外乡，孤身一人，年岁已老。

在他 70 岁那年，他写了一首《读书乐》的四言长诗，最末两句是"寸阴可惜，曷敢从容!"意思是说，每一寸光阴都是宝贵的，怎么能够随便放过呢!

白发苍苍的李贽，在芝佛院住了 10 多年。他每天手不释卷，伏案苦思，丹笔批书，墨笔著作，笔不停挥，写下了 30 多种著作。其中最著名的两部书《焚书》和《藏书》，公开地向封建礼教和道学思想提出了挑战。人们称颂他写文章不循世俗之见，而是发表自己独到的见解，文章深刻、透彻、严肃，具有难能可贵的独创性和反抗精神。

盲人唐汝询刻苦治学

切莫垂头丧气，即使失去了一切，你还握有未来。

——奥斯卡·王尔德

中国明末清初有个著名诗人，名叫唐汝询，字仲言，松江华亭（今上海松江）人，是个双目失明的人。

唐汝询出身于“书香门第”，家庭读书风气很盛。他生下来的时候，长得眉清目秀，双目并未失明。由于受家庭环境的熏陶，他3岁的时候就开始跟着哥哥读书认字了。但是，在他5岁那年，突然出了天花，经过医生抢救，虽然保住了生命，可他的两只眼睛却不幸失去了光明，从此他再也看不见书，看不到世间的一切了。

起初，唐汝询感到非常伤心，觉得这样活着，生不如死。可是过了一段时间，他逐渐安定下来了。心想，天下无难事，只怕不立志，只要刻苦学习，就一定能学到知识。于是，他每天摸到书房里去，用心听几个哥哥读书吟诗，并把听到的文章和诗歌一字一句地牢牢记在心里。

一个双目失明的人，要想记住许多文章和诗歌，自然是十分困难的事。他费尽心机死记硬背，同时也想出了一些办法帮助记忆。他仿照古时候人们使用过的结绳记事法，用几根粗细不一的绳子，在上面打上各种各样的结，把整篇文章和诗歌记录下来。有时，他用刀子在木板或竹竿上刻出各种各样的刀痕，用来记录文章和诗歌。当几个哥哥出去玩耍，没人念书给他听的时候，他就摸着绳结和刀痕，大声地朗读起来。

因为唐汝询肯用功，虽然双目失明，读的书却不比几个哥哥少，成绩也不比他们差。后来，他不但读了许多书，而且学着作诗。他作诗的时候，如果有人在身边帮忙，就大声把诗句念出来，叫人帮他写在纸上；如果没人帮忙，就依旧用结绳和刻刀痕的办法把诗记下来，等有人帮忙的时候，再把它翻译成文字，请人写在纸上。

由于唐汝询刻苦读书，所以取得了可喜的成绩，他一生写下了上千首好诗，出了好几本诗集，如《编蓬集》、《姑蔑集》等。同时，还给一些深奥的唐诗做了注解，书名为《唐诗解》。这是他刻苦自励，不为双目失明而放弃学习，笃志读书，克服重重困难而取得的成就。

王贞仪“雄心胜丈夫”

天行健，君子以自强不息。

——《周易·乾·象》

清代有个女天文学家，名叫王贞仪，字德卿，江宁（今江苏南京市）人。她是我国科技史上的一颗明珠。

王贞仪出身于封建士大夫家庭。父母对她非常喜爱而又管教甚严，使她从小就养成了酷爱学习的习惯。她学习不仅有钻劲，而且有韧劲，碰到什么问题，不弄懂弄通决不罢休。她虽身居闺阁，但却胸怀宽广，壮志凌云，严以律己，刻苦治学。

还在十几岁的时候，王贞仪就对天文学发生了浓厚的兴趣。她不顾夏日炎炎的酷暑，或北风呼呼的严寒，坚持观察天象，考察风云的流动、星座的变幻、气温的升降以及湿度的高低。由于长年观测，她积累了许多第一手天文资料，取得了丰富的气象知识，较系统地掌握了四季气候变化的规律。对某些地区，特别是她家乡地区的气象预测，其准确率达到惊人的程度。

王贞仪既注重书本理论，又很注重实践活动。有时，为了验证书本中的理论，她在自己的家里，因陋就简、创造条件，进行一项又一项科学实验活动。为了验证望月和月食的关系，对月食作出正确的解释，她反复实验，常在农历十五日的晚上，在花园亭子间的正中放一圆桌当地球，在亭中梁上用绳子垂系一盏水晶灯当太阳，在桌旁放上大圆镜当月亮，一次又一次摆置、挪动、转移三者的方位，一次又一次地仰望明月星汉，冥思苦虑，反复琢磨，终于写出了很有价值的天文论著《月食解》。

特别可贵的是，王贞仪还提出，地球所处的位置是在四面皆天的空间，地球上任何地方的任何人所站的都是地，头顶的都是天。对宇宙空间来说，没有上、下、正、偏的区别。王贞仪的这个相对空间的理论，在当时是一个很有价值的科学发现，澄清了人们对地球的错误认识。

“人生学何穷，当知寸阴宝”。这是王贞仪的治学经验之谈。她随着父亲工作的迁徙，走遍大江南北、塞外关内。在旅途跋涉中，她也从不放松学习和考察。她曾写下了“足行万里书万卷，尝拟雄心胜丈夫”的著名诗句。但是，在“往往论学术，断不重女子”的封建社会里，她的凌云壮志和真才实学却毫无施展的机会。

王贞仪善诗会画，才华出众，除天文、气象外，对地理、数学和医学等多方面均有研究。她只活了 29 岁，在短短的一生中，却写下了包括文、赋、诗、词各种文体的文学著作《德风亭集》20 卷，以及《星象图释》、《筹算易知》、《历算简存》等十多种科学论著。她还对别人的一些天文论著提出新的见解。不幸的是，她的科学成就当时没有受到人们的重视，甚至连她的亲属也不能了解她。王贞仪临终时，只得把自己的书稿转交给一位女友保存。

华蘅芳自学成为数学家

> 如果我们被打败了，我们就只有再从头干起。
>
> ——恩格斯

清代末年，江苏无锡出了一个著名的数学家，他的名字叫华蘅芳。

他7岁的时候，鸦片战争爆发了。鸦片战争的炮声，使一些人的思想受到很大震动，逐渐地意识到了学习先进科学技术的重要。在他幼小的心灵里，也发出了读“四书五经”到底有什么用的疑问。

少年的华蘅芳立志要探求新知识。可是，当时整个中国没有一所传授新知识的学校，华蘅芳到哪里去寻求新知识呢？只有自学。他从徐寿那里借来《算法统宗》。此书专门讲述中国珠算演算的算理和方法，共十七卷。华蘅芳只借到一卷，却如获至宝，激起了他学习数学的兴趣，朝夕研读。

为了获得新知识，他不畏艰难，在没有老师指导的情况下，硬是闯过了一个个难关，把这本书弄通了。这次学习，使华蘅芳尝到了学习算学的一些甜头。他觉得，在算学里边有深奥的学问。从此，便把注意力集中在钻研算学上。

16岁那年，华蘅芳偶然在父亲的乱书堆里发现一本画有各种图式的旧书，便好奇地拿起来翻阅。原来是清朝以前刻印的一本中国古算书，缺头少尾，字迹模糊不清。即使这样，他也非常珍惜，终日废寝忘食，在房中苦心研读。只用了短短几个月时间，就领会了这本古算书残卷的全部内容。华蘅芳不仅搞通了古算学的珠算解题法，而且领略了一些古算理。他觉得算学有明显的实际用途，更加坚定了他钻研算学的志向。

他先后学习了《周髀算经》、《九章算术经》、《孙子算经》、《王曹算经》等许多种中国古代算书。这些算书，都是历代流传下来的中国古代算学名著。这么多书，又这么深奥，从何学起呢？他决定抓住重点，各个击破，一个问题一个问题地解决，逐步攻下古代算学这个堡垒。从16岁到19岁，华蘅芳几乎足不出户，每天伏案沉思。对上自秦汉下至明清时期的中国古代大量算学著作，进行了比较全面、系统的学习和钻研，从中吸取了丰富的营养，向近代数学新的至高点攀登。

华蘅芳开始向近代数学探索，可是他再也找不到这类参考书了。正在他十分苦恼的时候，听说上海有个数学家正同外国数学家伟烈亚力合作，翻译国外科学著作。这对华蘅芳来说，太有吸引力了。他急忙来到上海，借来了已经译出的《代微积拾级》手稿，在旅馆逐字逐句抄录下来。他心里有说不出的愉悦，下决心一定要把这部外国算学著作的奥妙探索明白。

华蘅芳经过多年的探索，在吸取我国古代算学遗产的基础上，终于登上了世界近代数学的至高点，积跬步以至千里，成了当时中国著名的数学家。

女诗人李因苦学勤练

古之立大事者，不惟有超世之才，亦必有坚忍不拔之志。

——苏轼

在中国古代，著名的女诗人犹如凤毛麟角，是屈指可数的。那些有成就的女作家，大抵都要经过一番比男子更刻苦的努力，李因就是明朝后期一位苦学成名的女诗人。

李因出身于贫寒之家。在封建社会里，女孩子最要紧的是学会针线活和打扮自己，至于读书写字，除了富贵人家的小姐以此来消遣解闷外，穷人家的女儿是很少学习的。再说，女孩子也不能进学堂、赴场考试。李因从小就和别的女孩子不一样，她喜欢读书，不喜欢涂脂抹粉、打扮自己。只要一有空闲，就立刻抓紧时间读书写字，作诗绘画。

李因的家里很穷，买不起纸墨笔砚和灯油。为了学习，她想出许多办法来克服困难。她在每天早上打扫房间的时候，总要先在积有灰尘的桌子上练一会儿字，然后才用抹布把灰尘擦掉。

秋天，柿子树的叶子发黄凋落，李因就把黄叶子扫起来，一筐一筐地留着，当作写字用的纸。夏日的晚上，李因捉来许多萤火虫，把它们放在蚊帐里，依靠它们发出的亮光读书。

李因读书，简直到了废寝忘食的地步。她的父母对她说："你这样不分白天黑夜地读书，迟早是要苦出病来的。"李因总是说："不会的，真的不会的。"她母亲仍然不放心，规定她只许白天读书，一到天黑就督促她去睡觉。可是，李因在床上翻来覆去睡不着。

有一天，她突然想起一个办法来：睡觉之前，把火炭事先埋在灶灰里，然后才去睡觉。等父母睡着以后，她掀开被子，悄悄地爬起来，轻手轻脚地摸到厨房里，把埋在灰里的火炭扒出来，带到自己的屋里，点燃蜡烛……

为了防止光线射出去，被家人发觉，她就用衣服、被子把窗户遮住，然后偷偷地读起书来。一直到感觉疲倦的时候，才去睡觉。就这样神不知鬼不觉地夜读了很长时间，她十分高兴。

由于李因好学不倦，10 岁时就能朗读《诗经》、《尚书》，而且过目成诵，不漏一字。李因还从小养成了写读书笔记的习惯，每天都要写几千字的笔记，寒暑不辍。

李因 17 岁时，便嫁给了光禄寺少卿葛征奇做妾。离家出嫁那天，她陪嫁的东西是装满了几大箱子的书和读书笔记。

本来，在当时的那种条件下，女子结了婚以后，往往因生儿育女和繁重的家务而放弃了自己的学业。李因却不是这样，结婚以后学习的兴趣仍然很浓，而且照样那样勤奋。

李因的丈夫官职常常变动，李因也就常常跟着他到处奔波。在旅途中，李因不论是坐在船上，还是骑在驴背上，都随时随地抓紧时间读书作诗。她的诗集《竹笑轩吟草》和《续竹笑轩吟草》收入的 260 多首诗，大多数是在旅途中写的。

李因生长在封建社会里，那时候女子是没有什么地位的，尤其像李因这样一个家境贫寒、身为"侍妾"的人，更被人们所轻视。可是，由于李因刻苦读书，并获得了一定成就，人们很敬佩她。当时，她丈夫家乡的地方志上，为她作了传记，并把她的诗编成集子出版。

刘济天十五载血抄《华严经》

任凭怎样脆弱的人，只要把全部的精力倾注在唯一的目的上，必能使之有所成就。

——西塞罗

刘济天（1868～1913），北京人，法名普超，庐山海会寺和尚。“戊戌维新”的参加组织者之一。

刘济天出生在清朝末期北京城一个官宦家庭，从小受到良好的家庭教育，聪明伶俐，特别喜爱读书，尤其爱读司马迁写的《史记》、司马光写的《资治通鉴》等史书。少年时，他就立志发奋学习，长大后为国家的强盛而贡献出自己的才华和智慧。1898 年，他参加了由康有为、梁启超、谭嗣同等人领导的“戊戌变法”运动，积极倡导改良。这次变法运动遭到了以慈禧太后为首的守旧派的反对和镇压失败后。北京城的大街小巷贴满了捉拿参与维新者的告示，刘济天的名字列在其中。他只好逃出北京城，辗转来到江西省庐山的海会寺，暂时躲避起来。不久，传来了谭嗣同等六君子在北京菜市场遇害的噩耗，康有为、梁启超等到国外避难。他不由痛彻肺腑，同时也看到了清朝政府的腐朽、没落和无能。从此，他在海会寺正式削发为僧，法名普超，一身袈裟，两袖清风，把整个身心投入到佛学的学习和研究之中。1900 年，八国联军攻入北京，火烧圆明园，大肆抢掠毁坏珍贵文物，消息传到庐山，普超肝胆俱裂。很长一段时间，他的心情难以平静。第二次打击，使他坚定了把毕生精力献给祖国的决心。思考再三，他决定刺血抄写整部《华严经》，为祖国的文化宝库增添一件有价值的东西。

《华严经》为佛教的经典著作，从印度传入中国。东晋时，著名佛经翻译家佛驮跋陀罗在庐山东林寺将全部经书首先翻译成汉文，曾经轰动一时。1500年后，还是在庐山，竟然有人决定用自己的血来抄写全部经书。《华严经》一共有81卷，抄完这81卷经书要用多少年的时间，又要用去身上多少血啊！海会寺以及庐山各大名寺的僧侣听到这个消息后，大为震惊，纷纷前来劝阻普超。但是，普超决心已定，任何人是劝不住的。此后，他每天足不出寺，谢绝一切前来拜访的朋友，自己一个人藏在寺院的小屋里，苦心刺血写经。每天天刚亮，他便早早起床抄经。天黑了，他就点起油灯抄写。天天如此，从不间断。由此身体也渐渐虚弱下来。一晃10年过去了，已抄完了几十卷经书。这时，他那极大亏损的身体再也支持不住了，终于倒了下来。师父长老来看望他，含泪命他停止抄写经书。师兄师弟也跪在床边，泣不成声地求他不要刺血抄经了。普超躺在床上，泪流满面，他想扶起师兄师弟，试着起了几次都没扶起来。只好躺下来，任凭泪水流淌。

20多天后，师弟来到后院小屋窗前，看到师兄普超拖着病体又在抄经。小师弟哭了，这种病体再刺血抄经，是要葬送掉生命的！普超就这样，以顽强的毅力坚持着。15个寒暑过去了，他抄完了近200万字的81卷《华严经》。第二年（1913年），年仅45岁的普超由于身体过度虚弱和超出常人的劳累，而不幸离开了人世，他是带着欣慰的笑容安祥地闭上眼睛的！

后来，这部血经被看作“镇寺之宝”。解放后，这部血经由庐山博物馆收藏。80个春秋过去了，这部血经的字迹已呈暗褐色，但仍然清晰可辨。那半寸有余的小楷字体，笔画端正圆润，一丝不苟，可以看出普超的书写功力。在这部血经的尾页，签有很多中外名人的题词，它已被誉为中华文化宝库中难得的佛教瑰宝。

一定要争气的童第周

胜人者有力，自胜者强

——《老子》

童第周出生在浙江省鄞县的一个小村里，家庭生活十分贫困，没有钱进学校读书，只能在家里边做些农活，边跟父亲学点文化。直到17岁，才在二哥的帮助下，进了宁波师范予科。可是第一学期考试成绩总平均分没有及格，学校让他退学或降级，经童第周再三请求，学校勉强答应试读半年。童第周发誓，一定要把成绩赶上去。童第周坚持顽强地学习。终于取得了好成绩。在进入上海复旦大学以后，他更加勤奋学习，临近毕业时，他已经成为生物系的高材生了。童第周认识到，世界上没有天才，天才是用劳动换来的。要攀登生物学的高峰，需要付出更艰苦的劳动。

1930年童第周在亲友们的资助下，远度重洋，来到北欧比利时的首都——布鲁塞尔。在欧洲著名生物学者勃朗歇尔教授的指导下，研究胚胎学。当时，他发现有的外国留学生对中国人抱着一种藐视的态度，说“中国人是弱国的国民”。和他同住的一个洋人学生，公开说：“中国人太笨。”听到这些，童第周再也压抑不住满腔的怒火，对那个洋人说：“这样吧，我们来比一比，你代表你的国家，我代表我的国家来和你比，看谁先取得博士学位。”

童第周憋着一股气，在日记中写下了自己的誓言：“中国人不是笨人，应该拿出东西来，为我们的民族争光！”

研究胚胎学，经常要做卵细胞膜的剥除手术，有一次做实验，教授要求学生们设法把青蛙卵膜剥下来，这是一项难度很大的手术，青蛙卵只有小米粒大小，外面紧紧地包着三层像蛋白一样的软膜，因为卵小膜薄，手术只能在显微镜下进行。许多人都失败了，他们一剥开卵膜，就把青蛙卵也给撕破了。只有童第周一人不声不响地完成了这项实验任务。

布朗歇尔教授知道后，特地安排了一次观察实验，把学生们都找来看。实验开始了，童第周不慌不忙地走到显微镜前，熟练地操作着。人们看到，他像钟表工人那样细心，像绣花姑娘那样灵巧，像高明的外科医生那样一丝不苟。在显微镜下，他先用一根钢针在卵上刺了一个小洞，于是胀得圆滚滚的青蛙卵马上就松弛下来，变成扁圆形的，再用钢镊往两边轻轻一挑，青蛙卵的卵膜就从卵上顺利地脱落下来了。他干得又快又利落。

“成功了！成功了！”同学们涌上去祝贺，勃朗歇尔教授更是激动万分，这是他搞了几年也没有搞成的项目啊！他抑制不住内心的喜悦，连声称赞：“童第周真行！中国人真行！”童第周剥除青蛙卵膜手术的成功，一下子震动了欧洲的生物界。4 年之后，通过答辩，比利时的学术委员会决定授予童第周博士学位。在荣获学位的大会上，童第周激动地说：“我是中国人，有人说中国人笨，我获得了贵国的博士学位，至少可以说明中国人绝不比别人笨。”在场的教授纷纷点头，有的还伸出大拇指。而那位洋人学生却一篇论文也没有，更谈不上当博士了。

1937 年抗日战争爆发，童第周谢绝了专家和同学们的挽留，毅然回到了灾难深重的祖国。他来到四川宜宾一个村镇教书。在紧张的教学中始终没有忘记搞科学研究。可是，这里没有科学仪器，连一架显微镜也没有，没办法继续开展胚胎学的研究工作。一次意外的发现给他带来了希望：在小镇的旧货摊上他们看到了一架旧显微镜，但要价太贵，当时他们夫妻俩掏尽了口袋还凑不足一半，又向别人借了一些还不够，最后只好把他们的衣服拿去典当，好不容易才买回这架旧显微镜。

有了显微镜，但没有所需要的灯光照明，还是不能进行操作。他们只好把显微镜搬到室外，冬天利用雪地微弱的反光，他忘记了寒冷，聚精会神地工作着。夏天烈日当头，他热得汗流浃背，即使汗水滴在视镜上模糊了视线，或是风把一粒小沙子吹进了载物器，甚至占据了整个视野……童第周仍然坚持攻关。一般说来，每一个试验数据都要重复一、二次，而他往往要重复五、六次。然而，就在这简陋的显微镜下，在这低矮的小土屋里，童第周却撰写了一篇篇具有学术价值的论文，震惊了国内外生物界的学者。

1973 年，在周总理的亲切关怀下，童第周和他的伙伴们开始了细胞遗传学的研究工作。他在解剖显微镜下，用比绣花针还细的玻璃注射针，把从鲫鱼的卵细胞中取出来的遗传因子，注射到金鱼的受精卵中。金鱼的卵还没有小米粒大，做这样的实验该有多难啊！可是童第周成功了，结果孵化出的幼鱼中，有一条鱼披着金色的鳞片，长着鲫鱼那样的单尾巴，说明鲫鱼的遗传基因，已经在金鱼卵中发生了作用。这种鱼因为是童第周创造出起的，因此，人们叫它“童鱼”。童第周的实验成果，给生物学做出了巨大贡献。

1978 年，童第周光荣地加入了中国共产党，他虽已 76 岁高龄，却以年轻人的朝气投入了工作。他亲手制定了科研项目规划，绘制了美好的蓝图。1979 年 3 月，在浙江省科技大学的讲台上，他突然眩晕，从此一病不起。他为祖国科学事业的振兴，实践了他的誓言：“愿效老牛，为国捐躯！”

岳飞苦读

> 应该相信自己是生活的强者。
>
> ——雨果

岳飞（1103～1142），字鹏举，相州汤阴（今河南汤阴县）人。岳飞小时因遭水灾，家里一贫如洗。全家依靠母亲做针线活，纺纱织布，赚得几文钱，糊口过日子。

家境虽然贫寒，岳飞却酷爱读书，在母亲的教诲下，他白天上山拾柴时就抓紧空余时间读书写字。晚上没有油灯，就把白天拾来的枯柴，点起来照明诵读。无钱买纸笔，他就把路边的细沙弄回家来铺平当纸，用树枝作笔，一笔一画地练习写字，写了一遍，抹平又写，反反复复从不厌倦。

岳飞很聪明，又很用功，贫穷砥砺了他的志气，学习启发了他的智慧。没有多久，他文才大进。母亲看见岳飞聪明敏锐，说不出地高兴，就到附近的私塾里去找老师，宁可自己省吃俭用，也要给岳飞交学费，让他到学校深造。岳飞得到了学习的机会，苦读了几年书，学问增长很多。

岳飞十几岁时，家里实在太穷，只得停止读书，到一个大地主家去干活。那时，尽管农活非常繁重，日子艰难困苦，但是岳飞从不放弃练武和读书。

白天劳动之余，夜间休息之时，他就读书写字，有时甚至通宵不眠。他有很强的记忆力，不论什么书看了就会背。他无书不读，尤其是喜欢《春秋左氏传》和孙、吴兵法。岳飞通过勤奋地苦读，练就了一手好文章。他写的文章，思想细致，分析精密，判断力很强。他作的诗词，意气豪迈，感情充沛。他还练就一手好字，笔法纵逸，尤其擅长行书。

岳飞从小一边读书，一边练武。19 岁就能挽弓 300 斤、弩 8 石。后来，在周侗老先生和著名枪手陈广的传授下，成为武艺超群的人物。

20 岁那年，他怀着抗击侵略者，收复中原的壮志从军，母亲在他背上刺了“精忠报国”的训词。后来，岳飞以自己的实际行动实现了这个誓言，成为南宋著名的爱国将领、历史上杰出的民族英雄。

詹天佑少年漂洋留学

活着，要有自己的价值，要作为一个强者存在于这个世界。

——夏宁

詹天佑（1861～1919），安徽婺源（今江西婺源）人。是我国近代科技界先驱，杰出的铁道工程师。

詹天佑出生在广东省南海县一个普通茶商家里。父亲詹兴洪读过一些诗书，但茶叶小买卖做得却很不顺利。母亲陈氏焚香祈祷老天保佑孩子健康成长，夫妻俩于是给孩子起名叫“天佑”。

詹天佑 8 岁那年，进了南海县一所私塾读书。他天资聪慧，求知欲望强，但那些“四书”、“五经”等陈腐教材并不能使他满足，他感兴趣的是工程、机械等新知识。他家有一只闹钟，为什么闹钟能滴答滴答走个不停？为什么它能按时响铃？小天佑决心弄个明白。

一天，他趁家里大人不在，悄悄地把闹钟零件一个个地拆开，认真地琢磨零件的性能及其相互关系，然后又一个个地按原样组装起来，终于弄清了闹钟的构造和原理。

1871 年，清政府派中国第一个毕业于美国耶鲁大学的留学生容闳负责筹办幼童出洋预备班。11 岁的詹天佑听说这一消息后，恳求父母让他去。由于家庭困难，父母正为孩子不能去广州求学而叹息，一听说留学生是官费，才同意了孩子的请求。詹天佑从小勤奋学习，知识渊博，在选拔考试中成绩优异，名列前茅，被录取为第一批出国留学的预备生。

1872 年 8 月，第一批留洋学生共 30 人登程出国了。12 岁的詹天佑第一次乘坐轮船，乘坐火车，他对这些新奇玩意着了迷。可为什么中国不能制造呢？他锁着眉头，隐隐感到一种羞辱。“今后中国也要有火车轮船！”富国强兵的理想激励着少年詹天佑立志发奋求学。

詹天佑到达美国后，为了尽快掌握英语，他和同学们分散居住在美国市民的家里。詹天佑学习英语进步很快。第二年，当他能听懂英语讲课时，考进了西海文小学。“学习，是为了救国！”年幼早熟的詹天佑用功读书，不到3年就小学毕业了。1876年，他以优异成绩考进了纽海文中学。

从小就热爱自然科学的詹天佑进人中学后，特别喜好数学、物理、化学等课程。课堂上，他认真注意听讲；课后，他广泛阅读参考书和科学知识读物。此外，他还主动找老师出些参考习题进行演算。他的数学成绩优异，数学教师诺索卜夫人特别器重他，鼓励他努力学习，将来做一名科学家。

1878年，詹天佑以优异的成绩中学毕业，他牢记自己的誓言，接着考上了美国著名的耶鲁大学土木工程系，专攻铁路工程专业。在大学的4年中，他刻苦钻研，起早贪黑，每天把全部精力都用在学习上，并在一二年级时获得数学奖学金。在大学毕业考试中，他的数学成绩得了第一名，学校颁发了奖状。他的毕业论文《码头起重机的研究》得到教授的很高评价，获得了学士学位。

詹天佑12岁远涉重洋到美国留学，从小学开始，一直读到大学毕业，共10年之久。这是他为建设中华而发奋学习的10年。

1881年7月，詹天佑踏上了归国的路途。他怀着为中国人争气的雄心壮志，担任了中国人自己修建的第一条铁路京张铁路的总指挥，从动工到通车只用了4年时间，比原计划提前两年完工，还节约了28万两白银，在中国铁路史上写下了光辉的一章。

任弼时为中华新生而学习

意志是独一无二的个体所拥有的、以纠正自己的自动性的力量。

——劳伦斯

任弼时（1904～1950）湖南湘阴县人。伟大的中国无产阶级革命家，中国共产党卓越的领导人之一。

任弼时从小爱学习，5岁的时候，就在父亲的指导下开始练习写字。他还非常喜欢父亲给他讲历史上志士贤人勤学、勇敢和爱国的故事。

他7岁进入初等小学学习，学习很刻苦。9岁时，曾写过一篇名为《自立》的作文，文中说："世界之人，皆以自立为要。吾国四万万同胞，欲保国家，非自立不可。"他从小就立下了为中华新生、独立、富强而学习的志向。

1920年，赴法勤工俭学的热潮在全国掀起之后，任弼时与毛泽东在长沙领导的革命组织——俄罗斯研究会取得了联系，从研究会中了解到十月革命后俄国的一些情况，心中暗暗激起了对无产阶级革命圣地的向往。任弼时决定去俄国勤工俭学。

任弼时到俄国后，进入了斯大林东方共产主义劳动大学学习，集中学习马克思主义，学习十月革命经验。他学习非常认真刻苦，出了教室，就走进图书馆。为了尽快精通俄文，他常常找到俄国同学交谈，以纠正自己在语法、语音方面的差误。这样学习一段时间后，他就能直接听俄文教师讲课和阅读俄文报刊书籍了。他读书不是死记硬背，而是注意掌握书刊的基本精神和内在联系，剖析知识的重点、难点和特点，全面的评估和进行有效的消化理解；他善于捕捉书籍中的精髓、要旨和特色之处，思维灵活、敏捷、开阔，常常有新颖而独特的理解体会。

他不仅自己努力学习，还热心帮助其他同学，经常利用星期天去给俄文差的同志补习功课。张太雷对任弼时这种治学为人的精神推崇备至，瞿秋白也感叹地赞扬任弼时是一个诚实而用功的学生。

任弼时在东方大学学习马克思列宁主义，注意联系中国社会的现实和革命的实际，经常思考中国革命的前途问题。

1924 年，20 岁的任弼时从俄国回到上海，参加了团中央的工作，从事党和团的基层干部的训练工作，亲自给学员讲授共产主义。因为他讲课理论联系实际，深入浅出，很受学员的欢迎。他运用马克思主义研究中国的工人和青年问题，积极组织青年们投入反帝反封建的“五卅”运动，并且撰写了《上海五卅惨案及中国青年的责任》等文章，无情地揭露了帝国主义的反动暴行，总结了中国青年运动的历史经验。